東北学院の歴史

目　　次

刊行のことば ·· 5

刊行によせて ·· 7

第1章　誕生 ·· 9
　　1.　ドイツ改革派教会の日本伝道 ·································· 10
　　2.　押川とホーイの生い立ち ·· 12
　　3.　仙台神学校の創立 ·· 16
　　4.　仙台神学校の歩み ·· 20

第2章　成長 ·· 27
　　1.　仙台神学校から東北学院へ ······································ 28
　　2.　学都仙台の形成と東北学院 ······································ 32
　　3.　働きながら学ぶ者たち ·· 35
　　4.　相次ぐ試練 ·· 38

第3章　飛躍 ·· 45
　　1.　シュネーダー時代の始まり ······································ 46
　　2.　シュネーダーと東北学院 ·· 51
　　3.　南町大火による被災と中学部の再建 ························ 55
　　4.　専門部校舎の建設と創立40周年 ······························ 59

第4章　停滞 ·· 63
　　1.　発展の継続と「ぼんやりとした不安」 ······················ 64
　　2.　経済状況の悪化 ·· 68
　　3.　配属将校と学校教練 ·· 69
　　4.　学校経営の危機 ·· 72
　　5.　シュネーダー時代の終焉 ·· 77

第5章	苦悩 ………………………………………………………	83
	1. 日中戦争と東北学院 ………………………………………	84
	2. 太平洋戦争開戦 ……………………………………………	90
	3. 太平洋戦争の激化 …………………………………………	92
	4. 復興への灯 …………………………………………………	95

第6章	復興 ………………………………………………………	103
	1. 戦後復興と東北学院中学校・高校の設立 ……………	104
	2. 東北学院大学の発足 ………………………………………	106
	3. 組織と施設の整備 …………………………………………	109
	4. 高度経済成長のなかの規模拡大 ………………………	114

第7章	激動 ………………………………………………………	123
	1. 大学の規模拡大と大学紛争 ……………………………	124
	2. 中学校・高校と榴ケ岡校舎の変化 ……………………	128
	3. 紛争からの立て直し ………………………………………	131
	4. 新しい時代と新しい構想 ………………………………	135

第8章	改革 ………………………………………………………	141
	1. バブル景気と志願者の急増 ……………………………	142
	2. 経済停滞と志願者の減少 ………………………………	146
	3. 大学教育の改革 ……………………………………………	149
	4. 東日本大震災と将来構想 ………………………………	153

東北学院の沿革 ……………………………………………………… 158

主要参考文献 ………………………………………………………… 166

◆重要文化財指定特集

デフォレスト館の建築的特徴 ……………………………… 25

仙台の明治期洋風建築 …………………………………… 26

◆コラム

労働会の台湾人留学生偕服英 …………………………… 43

大正デモクラシーと東北学院 …………………………… 62

ヘレン・ケラーの東北学院訪問 ………………………… 80

時代に翻弄された航空工専 ……………………………… 100

戦後の寄宿舎 ……………………………………………… 120

定期戦の始まり …………………………………………… 122

2つのセミナーハウス …………………………………… 140

情報通信技術の進歩と学生 ……………………………… 157

◆ミニトピック

イザベラ・バードのみた押川方義 ……………………… 14

千島列島探検隊と高橋伝五郎 …………………………… 35

『河北新報』の伝えた南町大火 ………………………… 57

パイプオルガンとステンドグラス ……………………… 67

最初の女子学生 …………………………………………… 77

「我は福音を恥とせず」 ………………………………… 85

八木山68万坪の夢 ……………………………………… 107

「基督教学科」 …………………………………………… 127

運動部の活躍 ……………………………………………… 134

キャンパスの都心回帰 …………………………………… 145

刊行のことば

　紀元1世紀半ば、東地中海世界に最初のキリスト教会が生まれた
とき、ペトロ、ステファノ、そしてパウロたちは、福音をのべ伝える。
そのとき彼らは等しく天地創造、あるいは族長アブラハムから始め
て、モーセの出エジプト、ダビデの王国を語り、イエスの出現と十
字架の死、そして復活までのイスラエルのユダヤ民族の歩みを、神
の救済の歴史として語っている。自らの存在を、神を起点としてそ
の歴史に位置づけ、確実なものと認識したのである。

　神のこの救済の歴史にすべてのキリスト教会とキリスト教学校は
属している。私たちの東北学院もそうなのである。私たちの先達も、
初代のキリスト教徒のひそみにならって自分たちの学校を救済の歴
史のなかに位置づける作業を二度行っている。『東北学院七十年史』
と『東北学院百年史』がそれである。『百年史』を繙くならば、そ
の冒頭は、1517年創始の「宗教改革」の叙述なのである。キリス
ト教の歴史のなかで、プロテスタント出現以後の歴史をより意識し
た位置づけであるが、神の救済の歴史を前提としていることに変わ
りはない。このことを私たちはいつまでも意識していたいと思う。

　さて、『七十年史』、『百年史』と編んできた私たちとしては、130
年を過ぎた今、第三の作業に取りかかる時期を迎えてはいる。その
ことは今措くとしても、大部にして流布させにくい『百年史』とは
別にハンディで、学院に関係する者皆が、中学生に至るまで読みや
すい冊子があれば良いとの思いが、ここ数年、ことに従来諸資料を
収集してきた東北学院資料室が「東北学院史資料センター」として
組織を確立してから、特に強くなってきたといえる。これはキリス
ト教学校のみならず、嵐のようにたくさんの課題に直面した私立学
校の間で「建学の精神」への立ち返り、とその称揚が叫ばれている

5

状況と無関係ではない。

　かくして執筆作業チームが設けられ、2年にわたって資料を整理し、卒業生らへの訪問調査も行い、そして何度もの協議を経て執筆された。コンパクトでハンディな『東北学院の歴史』が完成した。本書は押川方義、ウィリアム・E・ホーイによる仙台神学校創立の働きから筆を起こす。文字どおり東北学院そのものの歴史を切り取って叙述してゆくのであるが、その端々に、あるいは執筆者の通奏低音として、『百年史』が銘記した「宗教改革」500年、さらにはキリスト教2000年の歴史の一コマとしての学院史が意識されているといって過言ではない。

　時代を追って、学院のために働いた人間たち、内外に生じた波乱の出来事、教育内容、これらのことを、大げさに誇るのではなく、個人の資質をほめそやすことなく、事実として起こった過ちや弱さをも隠さず、淡々と、しかし学院への愛情をもって叙述されている。

　幸いよき出版社の協力を得て、江湖に広く提供できることとなった。どなたにもお読みいただきたいが、何よりも東北学院に学ぶ大学生、高校生、中学生に手にとってもらいたい。また、学内のさまざまな機会に、授業に、読まれることを願っている。刊行にあたり、企画から執筆まで、時間を割いて働いてくださった方々に、そしてこのわざを見守り、励ましを与えてくださった神さまに、感謝するものである。

2017年9月

学校法人東北学院理事長
東北学院大学学長

松 本　宣 郎

刊行によせて

　東北学院は、創立130周年を機に「TG Grand Vision 150」を策定し、創立150周年への壮途についた。本書は、その門出に編まれた一書である。

　書き換えることのできない事実としての歴史事象は、それを体験した者や目撃した者には、多様な解釈が可能な出来事である。それゆえ、未来に向けて力となる明るい希望の史観を提供することは、旧約聖書の『列王記』と『歴代誌』の関係や新約聖書のイエス・キリストの磔刑が例示するように、関係者を奮い立たせて前進させる原動力となる。本書は、『東北学院百年史』の要約にとどまることなく、大学設置基準大綱化や教養学部設置など創立100周年以後の30年間の出来事にも触れている。同時代を生きた関係者の脳裏には、片平丁隣接地取得交渉や医学部誘致の歴史的顛末、五橋キャンパスと土樋キャンパスが形成する東北学院大学アーバンキャンパス構想など、補足し得るエピソードが数多く去来することであろう。それらは、『東北学院史資料センター年報』や関連単著による詳細な記録に委ねることができよう。それゆえ、東北学院の史資料の発掘、蒐集、保存など積極的参与が読者に求められている。

　本書の刊行は、学生や生徒を含む東北学院関係者に東北学院のルーツや発展の歴史を再認識してもらう機会を提供し、東北学院のアイデンティティー確立に資するものと期待されている。すなわち、東北学院建学の精神が各時代の関係者をどのように支えてきたか、換言するならば、建学の精神が時空を超越する力となって東北学院をどのように建て上げてきたかを再認識させてくれるものと期待されている。

　『東北学院の歴史』が『東北学院百五十年史』編纂の先駆となる

ことを望みつつ、本書の刊行に天来の祝福が豊かにあらんことを祈
るものである。

2017 年 9 月

学校法人東北学院院長
佐 々 木 哲 夫

第1章　誕生

　この章は、1885（明治18）年から1891年までを扱う。仙台で伝道活動を始めていた押川と、ドイツ改革派教会の宣教師ホーイが出会い、二人が協力して仙台神学校が誕生し、成長していく6年間である。
　押川にはキリスト教で日本を救いたい、ホーイには教育活動を通して信仰を日本に伝えたいという想いがあった。押川は仙台を東北伝道の拠点として選び、ホーイは、押川の求めに応じて仙台での伝道に協力するなか、そこに新しい学校をつくることで二人の考えが一致する。そうして創立されたのが仙台神学校であるが、それは、つつましやかな私塾としての誕生であった。
　しかし、押川とホーイは、この小さな学校を着実に成長させていく。ホーイの献身的な尽力により、学校は現在の仙台市中心部に移り、寄宿舎と校舎が次々に建てられた。こうして、市内の片隅にあった小さな私塾は、創立後5年の間に、仙台市民が目をみはる施設や設備をもつ学校へと変貌していく。

　　写真:横浜時代の押川方義（左）と本多庸一（右から2人目）（1871年）

1. ドイツ改革派教会の日本伝道

ドイツ改革派教会

　東北学院の歴史は、1885（明治 18）年 12 月、アメリカ合衆国ドイツ改革派教会が日本に派遣した宣教師ウィリアム・E・ホーイが、横浜で日本人牧師押川方義と出会うことから始まった。ホーイ 27 歳、押川 35 歳である。東北学院の誕生とその後の歴史は、ホーイを派遣したドイツ改革派教会による人的・財政的支援なしには語れない。まず、この教会について知っておく必要がある。

　ヨーロッパから新大陸アメリカへの移住が始まったのは、17 世紀前半のことである。18 世紀に入ると、信教の自由を求めてドイツからも移住が始まり、アメリカ合衆国北東部のペンシルヴェニアに定住した。彼らは、広大な大地に点在するように入植したが、18 世紀末になると改革派の伝統をもつ人びとが集まり、独立した教派を形成するようになる。これがドイツ改革派教会である。

　ホーイは、ドイツ改革派教会が日本に派遣した 3 人目の宣教師であった。当時、欧米諸国のキリスト教各教派は、すでに日本に多くの宣教師を派遣し、宣教活動に力を入れていた。幕末の開国後も維持されていた「キリシタン禁制」が、1873 年ようやく廃止され、宣教活動が認められるようになったからである。

　ドイツ改革派教会は、教派内の対立もあって、他教派より大幅に遅れた 1879 年に、ようやく最初の宣教師アンブローズ・D・グリングを日本に派遣した。グリングは、現在の東京都心や

埼玉県にあたる地域を中心に伝道を行い、日本橋付近に学校を設立するなど、積極的な活動を展開した。1883（明治16）年には2人目の宣教師としてジャイラス・P・モールが派遣された。モールも現在の都心部にあたる地域に教会を設立するなど、活発な宣教活動を行ったが、東京を中心とする関東地方や大阪と神戸を中心とする関西地方は、すでに宣教を始めていた他教派の影響力が強いことがわかり、ドイツ改革派はしだいに他の地域に目を向けざるをえなくなった。

　こうしたなか、1885年、3人目の宣教師としてホーイが、その翌年には女子教育の任務を帯びた2人の女性宣教師が、日本に派遣されることになるのである。ちなみに、この女性宣教師エリザベス・R・プルボーとメアリ・B・オールト（のちにホーイと結婚）は、仙台で宮城女学校（現在の宮城学院）の創立に関わっていく。

押川とホーイの出会い

　1885年12月、ホーイが横浜に到着した時点で、その赴任先は未定であった。とりあえずグリング宅に身を寄せたホーイは、仙台で行われている伝道活動の様子を耳にした。グリングは、幕末から日本で活動しているアメリカ合衆国オランダ改革派教会宣教師ジェイムズ・H・バラを通じて、「かの地では熱心に宣教師を求めており、懸案の女子学校も東京ではなく、この仙台の地に置くべきである。そこにはほとんど手付かずの広い伝道圏があり、その地の人々からの財政的援助さえも期待できる。」という勧めを受けていた。バラにこうした情報を与えていたの

は、彼から洗礼を受け、当時仙台で活発な伝道活動をしていた押川方義であった。

　押川は、ホーイに仙台での伝道、そして教育機関の設立への協力を求めた。ホーイは、そのときのことを「私が日本に着いて三日目のこと、この日本人牧師が私に向かって、自分の所に来て手伝ってくれと申しました。仙台のキリスト者たちは、神が私を彼らのもとに遣わし、良き知らせ〔福音〕を宣べ伝えさせて下さるようにと祈っております。」とドイツ改革派教会外国伝道局に書き送っている。

　これが押川とホーイの出会いであったが、東北学院の校祖となるこの 2 人について、それぞれの経歴をもう少しさかのぼっておきたい。

2.　押川とホーイの生い立ち

松山から横浜へ

　押川方義は、1850 年 1 月 17 日（旧暦嘉永 2 年 12 月 5 日）、伊予松山藩士橋本宅次の三男として生まれた。ペリーが浦賀に来航する 3 年前である。押川方義は 11 歳のころ、同じく松山藩士の押川方至の養子となり、その後、方至の三女常子と結婚した。

　藩校の明教館で学んだ押川方義は、明治維新後、洋学（英学）を修めるために上京するが、1871（明治 4）年横浜に移り、宣教師バラの私塾に参加する。そして、外国人でありながら、「わが日本〔国〕を救い給え」と熱く祈るバラに感化されてキリスト

教信仰へと導かれ、翌年3月10日、バラから洗礼を受けた。押川のキリスト教信仰の中心にあったのは、「キリストによる日本の救い」である。当時はまだキリスト教禁令下にあったが、押川は「武士のなったキリスト者」として、新たな活動を開始したのであった。

新潟から仙台へ

受洗から3年後の1875（明治8）年、押川は、新潟で医療伝道活動を行っていたスコットランド出身の医師セオボールド・A・パームの応援要請に対し、「然らば吾輩が行くべし」と申し出て新潟に向かう。仏教への信仰が盛んな新潟での伝道は困難を極めたが、着任早々に10人の信徒が生まれたことが報告されている。

しかし、押川は、新潟大火を機として1880年には仙台に移った。パームから洗礼を受けて伝道者となっていた石巻出身の吉田亀太郎が行動をともにした。押川がパームから受けた影響は大きく、押川がたびたび口にした「東北を日本のスコットランドに」というヴィジョンも、スコットランド人パームを強く意識したものである。また、押川は、欧米視察を行った90年に、パームを派遣したスコットランドのエディンバラ医療伝道協会を訪れ、すでに帰国していたパームの再来日を要請している。

仙台教会の創立

押川と吉田は、当初吉田の故郷である石巻に赴くつもりであったが、考えを変えて仙台を伝道の拠点にすることを決めた。押

| ミニ
トピック | イザベラ・バードのみた押川方義 |

　開国以来、いまだ外国人の旅行者も少なかった明治初期に日本各地をめぐったイギリス人女性がいた。イザベラ・バードである。1831（天保 2）年イギリスのヨークシャーに生まれ、幼少期の転地療養を契機として世界各地を訪れていたイザベラは、78（明治 11）年に日本を訪れた。同年 6 月から 9 月にかけて横浜から日光、新潟を経由して北海道に渡り、10 月からは神戸、京都、大阪、伊勢などをまわったイザベラは、その記録をもとに 80 年、*Unbeaten Tracks in Japan*（『日本奥地紀行』）を著した。

　この旅行の途中、イザベラは新潟でパームのもとを訪問し、そこで押川にも会っていた。そのとき押川から受けた強い印象について、彼女は次のように書いている。

　「伝道助手の押川氏は才能と意欲のある人物で、非常に有能な伝道者である。彼はキリスト教事業に全霊を傾けており、とても広範に巡回説教を行っている」。パームのもとで伝道に情熱を傾けていた、若き押川の姿を伝える貴重な証言である。

川が、当時函館から仙台に活動の中心を移して大きな影響を及ぼしていたロシア伝来のハリストス正教会に対抗する意図をもったからともいわれている。その真偽はともかく、押川は、1879（明治 12）年から吉田とともに 3 回にわたる東北伝道視察を行っており、仙台を拠点に北海道も視野に入れた壮大な伝道圏を想い描いていたことは、間違いない。

　押川は、1881 年、仙台教会（現在の日本基督教団仙台東一番丁教会）の創立を皮切りに、古川、岩沼、石巻に相次いで教会を設立した。85 年にこの 4 教会に函館を加えた 5 教会は、当時

ウィリアム・E・ホーイ
（1858-1927）

押川方義
（1850-1928）

のプロテスタント系教会の多くが属していた日本基督一致教会に加入し、その地域別の下位組織である「中会」（最初は「仙台中会」、その後「宮城中会」と改称）を組織し、押川はその議長となった。押川がホーイと出会い、彼に協力を求めたのは、まさにこのときである。

伝道者ホーイ

ホーイは、南北戦争が始まる3年前の1858（安政5）年、アメリカのペンシルヴェニア州にある小さな町の農家に生まれた。押川の8歳年下であり、のちに登場するシュネーダーよりも1歳年下である。曾祖父の代にヨーロッパから移住して来たホーイ家には、不撓不屈の開拓農民の血が流れており、家庭は篤いキリスト教信仰に包まれていた。

伝道者となることを熱望していたホーイは、自分が受け継ぐ

べき遺産を放棄して、ドイツ改革派教会の高校に進み、さらにランカスターにある大学と神学校を卒業した。卒業を前に、ホーイは、外国伝道局の 3 人目の日本派遣宣教師の公募に応じ、1885（明治 18）年 4 月、正式に宣教師として選任され、12 月に来日する。そして来日から 3 日後に、押川と出会うのである。

　ホーイは、常に夢を抱き、それを実現するのに必要な強い意志と能力とを兼ね備えていた。これから詳しくみるように、彼の迅速な意思決定や的確な判断なしに、仙台神学校の創立はありえなかったであろう。

3. 仙台神学校の創立

仙台の印象

　押川から協力を求められたホーイは、ただちに仙台を視察した。当時の仙台は人口 7 万人の都市であり、城下町からの脱皮を始めた時期にあたる。ホーイはその印象を以下のように報告している。

> 仙台は重要な、そして将来性豊かな地方の中心都市で、新しい時代の胎動をひしひしと感じ始めている町です。（中略）そこでは青年期に特有の力強く精気に富み、勇気に溢れた何者かが、内部から生まれつつあることが感じられます。この町は現在も大いに発展を遂げております。いずれは帝国政府の中で大きな影響力を持つに至るでありましょう。

　仙台は、キリスト教の宣教地としても注目され、先に触れた

ハリストス正教会は 1873（明治 6）年に東二番丁通に設けた仮祈祷所を拠点として、東北各地に宣教活動を行っていた。また、カトリックも同年に北一番丁通に伝道所を設立し、本格的な活動を始めていた。一方、プロテスタントではバプテストが 80 年に二日町に教会を設立し、押川がやはり同年に北三番丁木町通角に「基督教講義所」の看板を掲げていた。その他の教派も、外国ミッションとの協力のもとに、競って東北伝道を開始している。当時の東北は、いわば伝道の"草刈り場"というべき様相を呈しており、仙台はその拠点となっていたのである。

学校設立への道

ホーイは、1886 年 1 月早々には仙台に移り、仙台城大手門に至る大橋のたもとにある 2 階建ての日本家屋に居をかまえて、本格的な活動を開始した。

その後まもなく、ホーイのもとには向学心にあふれた青年たちが集まり始めていた。その様子から、ホーイは「男子校を建てる好機が目の前にあることをすぐに感知」し、外国伝道局に事情を書き送った。もともとホーイは、伝道にとって学校が重要であるという考えをもっていた。他方、押川は「日本の伝道は日本人の手で」という信念をもっており、東北伝道の担い手を独自に育てるための学校を必要としていた。彼は、宣教師の協力を得ながらも、基本的には地元有力者からの支援によってそれを実現しようとしていた。こうして想いを共有した二人は、仙台での学校設立を模索する。

しかし、仙台での学校設立というホーイの提案は、ドイツ改

革派教会内での賛同を得られなかった。アメリカの外国伝道局、そして東京のグリングとモールの両宣教師も、この時点では伝道の中心を依然として東京とその近郊に置こうと考えていたからである。

さらに、押川の構想にも問題が生じた。地元有力者の協力のもとに仙台でキリスト教男子校を設立するという計画が、同志社を創立した新島襄の主導のもと、すでに進められていたからである。押川は、新島と調整のための話し合いを重ねるが、結果は不調に終わる。

押川とホーイがこうした困難にぶつかっていたころ、一人の寡婦が古銀12枚を携えて押川を訪ねた。婦人は香味チカといい、押川が創立した仙台教会の会員であった。彼女は、押川らの学校設立の計画を聞き、老後のために蓄えた一分銀 12 枚をすべてそのために捧げたのである。

この行為に感激したホーイは、自分のもとに来て福音の伝道者となることを希望している 6 人の青年について、今後 1 年間の生活の面倒を自分がみることを押川に約束した。今も残されている仙台神学校の最初の会計簿には、ホーイがこの約束を誠実に果たしたことが記録されている。ホーイは、ついに学校の設立を決意する。

仙台神学校の創立

1886（明治 19）年 7 月、ホーイを含むドイツ改革派教会の 5 人の宣教師からなる在日宣教師団は、東京から離れることを決議した。仙台での伝道に集中すべきとの決断である。そして、

この宣教師団は、若い青年たちを伝道者として訓練する「英語聖書訓練学校」（an English Biblical Training School）を設立するよう外国伝道局に進言した。

　この公式な決議に添えて、ホーイは個人的な報告として、この学校がすでに仙台において「伝道者養成学校」（the Evangelistic Training School）として存在していることをつけ加えている。名称は異なるが、これは仙台神学校のことである。外国伝道局の承認を得る前に、ホーイが自らの判断で新たな命を産み落としていたことの事後告知であった。

　ちなみに、先に述べた新島の学校設立計画は、1886（明治19）年、つまり仙台神学校と同じ年に、宮城英学校（翌年に「東華学校」と改称）の創立というかたちで結実する。翌年6月には仙台区清水小路に面した校地に校舎が完成し、盛大な開校式が行われた。校長は新島、教師には宣教師ジョン・H・デフォレストなど数人の外国人がいた。初年度の生徒数は120人近くであった。仙台神学校との差は歴然である。しかし、東華学校は92年、当時吹き荒れたナショナリズムの影響を受け、開校からわずか6年で廃校となる。

　1886年9月には、宮城女学校も創立されている。この学校は、ドイツ改革派の宣教師と押川の協力でできた点では仙台神学校と同じであるが、在日宣教師団が組織的に関わり、外国伝道局が承認し、学校の設置認可を得てつくられた「公認された学校」であった。

4. 仙台神学校の歩み

仙台神学校の初め

　このように、仙台神学校は、1886（明治 19）年、ごく小規模の私塾としてその歩みを始めた。そのため、いつ、どこで始まったかという基本的事実でさえ、明確に示す資料が存在しない。

　創立の時期については、先に引用した在日宣教師団の会議録に添付されたホーイの個人的な報告によれば、「5 月以来、4 人の青年が（中略）勉強を始めて」いると明記されており、5 月にはすでに授業が開始されていたことがわかる。このことをふまえて 1908 年、東北学院理事局は会議において「五月十五日を本院創立紀念日に定」めると決議している。

　創立の場所は、「市内木町北六番丁から西へ二軒目」（現在は東北大学病院の一部）の一軒の民家（借家）とされている。最初の生徒の一人である島貫兵太夫も、5 月 10 日に神学校への入学を希望して行ってみると、「木町通りで北六番丁と七番丁の間」にある「茅葺の破れ家」で驚いた、と当時を回想している。

最初の生徒たち

　仙台神学校創立時と思われる写真が残されている。2 人の教師と 6 人の生徒が写っているが、教師はいうまでもなく押川とホーイである。先に引用したホーイの手紙では、「5 月以来、4 人の青年」が勉強を始めているとあるが、約 1 年後である 1887 年 7 月のホーイの手紙には 7 人の名前と年齢が報告されている。私塾であったこの学校は、生徒の出入りも自由であったと考えら

仙台神学校の最初の生徒と教師たち

れる。

写真にある 6 人の生徒の名前は判明しており、右から次のとおりである。なお、年齢はホーイの報告による。

> 安部保次郎(20歳)、田村兼哉(19歳)、西堀幸八(32歳)、松田順平(23歳)、島貫兵太夫(20歳)、早坂千三郎(24歳)

さらに、ホーイの手紙には、7 人目として橋本宗之進(23歳)の名前が出てくる。この 7 人のうち伝道者としてその後の記録に現れるのは田村、島貫、橋本の 3 人である。また、東北学院の卒業生名簿には、島貫が神学部第 1 回卒業生(1894 年卒業)、田村が第 3 回卒業生(96 年卒業)として記録されている。

開校当時の授業の様子について、島貫は、次のように回顧している。

「ホーイ先生のヨハネ伝の講義を押川先生が訳して聞かせる。

けれども訳がまずいのか、言うことが六ケ敷いのかさっぱりわれわれには理解できなかった。それでがくりがくり居眠りをしてしまう。筆記したのを帰ってから読んで見るがさっぱり解らない。」牧歌的な授業の光景が目に浮かぶ。

オールト記念館と校舎建設

　こうして始まった仙台神学校であったが、生徒数は少しずつ増え、創立から2年目の1888（明治21）年春には20人までになっている。最初の借家では増加する生徒の生活と勉学には不充分であり、地理的にも不便であった。学校を発展させるためには、仙台中心部への移転と、しかるべき広さの校地と教育施設の建設が不可欠であった。しかし、外国伝道局は宮城女学校の校舎や宣教師館の建設にとりかかっており、神学校への財政支援は期待できなかった。

　そこで、ホーイは再び自分の判断で動く。1888年8月、仙台教会がすでに購入し移転していた南町通と東二番丁通の角にあった東本願寺の敷地の一部を自費で購入し、そこに教室を兼ねた寄宿舎を建設したのである。翌年2月に完成したこの寄宿舎は、妻メアリの亡父ジョン・オールトにちなんで「オールト記念館」と名づけられた。これが神学校の最初の建物となった。

　さらにホーイは、外国伝道局に対して、神学校の校舎を建設するよう要求し、1890年の春までに決定しない場合は自費で必要な教育施設を建てると提案した。けっきょく、その熱意に押されたのか、外国伝道局は条件を付して建設を承認したが、その際、ホーイはその敷地を自ら購入すると外国伝道局に告げて

ホーイとその家族

いる。30 歳になったばかりのホーイであったが、自分が正しいと信ずることはひるまずにすぐさま実行に移そうとする人物であった。

　こうして、1891（明治 24）年 9 月、壮麗な仙台神学校校舎が完成した。この校舎は、1945（昭和 20）年 7 月の仙台空襲で焼失するまで、仙台で最も美しい建物の一つとして知られることになる。

組織の整備

　その後、神学校は、教育機関としての組織整備も進めた。1888 年には仙台神学校憲法が制定され、学校は日本基督一致教会宮城中会の伝道者養成機関と位置づけられた。さらに、この憲法によって、学部は英語神学部、邦語神学部、英語予備科の 3 部に分けられた。英語神学部は英語で授業を行い修業年限 3 年、

邦語神学部は日本語で授業を行い修業年限 2 年、おもに伝道者養成を目的とした。英語予備科は英語神学部に進学するための予備的教育を行い修業年限 4 年、英語はもちろん、数学、自然科学、哲学、歴史などが講義された。のちに東北学院が一般教育機関となる出発点である。

　他方、ホーイと外国伝道局との関係はこじれていた。それを修復する役割を担ったのが、1888（明治 21）年に仙台神学校へ赴任するデイヴィド・B・シュネーダーである。ここで 3 人の校祖「三校祖」がそろうことになるが、シュネーダーが東北学院のためにその力量を存分に発揮するのは、もう少し後になる。

押川の東北伝道

　その間、押川は、外国伝道局から派遣される宣教師と協力しながら、新たな東北伝道を展開していた。仙台を中心に、隣接する福島、山形から東北六県全域に教会が設立され、これらの教会によって宮城中会（のちに「東北中会」と改称）が組織された。そして、東北学院神学部を卒業した伝道者たちは、東北各地の教会に次々と着任していくことになる。

　だが、押川は、1889 年からの 1 年あまりの期間、欧米諸国を視察するために仙台を離れてもいた。押川の関心はしだいに仙台の東北学院そして日本を離れ、海外へと向かい始めていた。この時期には、中江兆民の『三酔人経綸問答』（87 年）に象徴されるように、近代国家としての日本のグランドデザインを模索する動きが、知識層に広くみられた。押川もそうした一人であった。

◆重要文化財指定特集◆ デフォレスト館の建築的特徴

2012（平成24）年に登録有形文化財となり、その後16年7月に国の重要文化財（建造物）となったデフォレスト館。「歴史的価値の高いもの」という指定基準に合致するとして、「東北学院旧宣教師館」の名称で指定を受けた。仙台市内

デフォレスト館南東側外観

の歴史的建造物が重要文化財に指定されたのは約35年ぶりであり、また社寺以外の建造物が指定されるのは市内初のことである。登録有形文化財から、市や県の指定文化財を飛び越えて国の重要文化財となったこと、保存・修復を待たずに指定を受けたことは異例の措置であり、外国人宣教師住宅の最初期の事例として、この建物が持つ歴史的価値の高さがうかがわれる。

デフォレスト館の建築様式は、長崎や神戸など外国人居留地の住宅で使われはじめ、その後全国に広まった"コロニアル・スタイル"をベースとしている。これは、17～18世紀のイギリスやスペインなどの植民地にみられ、とくにイギリス植民地時代のアメリカで発達したもので、ポーチや大きな窓、ベランダが特徴である。デフォレスト館にみられる、南面から東面にかけて設けられた開放的なベランダや、下見板張りの外壁なども、典型的なコロニアル・スタイルの意匠である。

和風の要素も随所に施されており、洋風のデザインを基本としながらも、実際に施工する地元の大工が自身の技術を適宜応用しながら造っていったことがわかる。明治期の建築事情をかいまみることのできる貴重な遺構である。

数々の改変を経ながらも、130年にわたって建ち続けてきたこの建物は、2012年度の調査研究により、1887（明治20）年の創建であることが明らかとなった。わが国に現存する最古の宣教師住宅である。

（東北学院大学工学部教授　櫻井一弥）

◆重要文化財指定特集◆ 仙台の明治期洋風建築

　地方には、よその世界から技術やデザインを受け入れるときが多々ある。仙台の明治期建築を顧みるとき、新しさを貪欲に受け入れた当時の息づかいがよみがえる。

　本格的な洋風建築は、ミッションスクールや教会堂を手がけた居留地系の建築家たちによってもたらされた。フレンチ・コロニアル風の宮城女学校（1889 年）にはフランス人のポール・サルダが関与した。仙台神学校（91 年）については設計者が明らかでないが、建築的特徴から、サルダもしくはドイツ人のリチャード・ゼールの関与が指摘されている。ゼールは日本政府が官庁集中計画の立案を依頼したエンデ・アンド・ベックマン事務所の全権代理人として来日した建築家で、のちにドイツ改革派の仙台教会（1901 年）をゴシック風で竣工させたことでも知られている。またゼールの後継者で 1904（明治 37）年に宮城女学校、翌年に東北学院普通科校舎を設計したドイツ人のデ・ラランデは、19 世紀末のドイツ新様式ユーゲントシュティールを横浜や仙台に持ち込んだ建築家であった。

　一方、よそからやってきた日本人建築家たちも庁舎建築や学校建築を中心に、新風を吹き込んだ。先駆けとなったのは久米耕造であった。久米は工部省燈台寮（のちに「燈台局」と改称）、同営繕局を経て来県し（1880 年）、仙台最古のレンガ造建築とされる旧仙台警察署（82 年）およびルネサンス風の典雅な県会議事堂（81 年、木造）の建設に関与した。デフォレスト館を設計した植田登は、工部省燈台局で久米の上席に在籍していた人物であった。久米と同様に燈台局から営繕局を経て、後任として来県した（83 年）。89〜90 年には文部技手を兼務して第二高等中学校（のちの第二高等学校）の工事監督も務めた。この質実簡素な木造洋風建築は文部省の山口半六と久留正道が設計したものだが、植田は営繕局時代に久留の上席にいたことから、工事に際し白羽の矢が立ったのだろう。山添喜三郎が設計した旧登米高等尋常小学校（88 年、国指定重要文化財）も、こうした時代の息づかいのなかで誕生したのであった。

（東北学院大学工学部准教授　﨑山俊雄）

第 2 章　成長

　この章は、1891（明治 24）年から 1901 年までを扱う。仙台神学校が東北学院となり、のちの発展につながる基盤を固めた 10 年である。施設や設備が整えられ、教員や生徒が増加し、働きながら学ぶ生徒のために労働会が設立される。公立・私立の学校が次々と設立され、学都としての実質が形成されつつあった当時の仙台において、東北学院は確固たる地位を占めるようになる。

　しかしこの時期は、対応を誤れば学校の存立を危うくしかねない深刻な問題が顕在化したときでもあった。まず、組織内ではホーイと押川の対立が表面化した。それだけが原因ではなかったが、1899 年にはホーイが、1901 年には押川も東北学院を去ることになる。

　さらに、1899 年の文部省訓令十二号の発令によって、キリスト教学校には徴兵猶予や上級学校への進学の特典が得られないことになり、創立以来増え続けてきた生徒数が、一転して大きく減るという事態も生じた。だが、東北学院はその危機を乗り越えていくことになる。

　　　　　　　　　　　　　　写真:仙台神学校校舎（1891年完成）

1. 仙台神学校から東北学院へ

仙台の発展

ホーイが仙台で活動を開始した 1886（明治 19）年から 91 年までの 5 年間は、日本にとって、89 年の大日本帝国憲法の公布、翌年の第 1 回帝国議会の開会に代表されるように、大きな政治的転換期であった。

仙台にとっても大きな変化があった時期である。1889 年、市制の施行によって市となった仙台には、87 年に第二高等中学校（94 年に「第二高等学校」と改称、東北大学の前身の一つ）が設立され、88 年には仙台に置かれていた鎮台が第二師団となっていた。これにより、学都仙台、軍都仙台の基礎が据えられた。また 87 年 12 月には、仙台―塩釜間の鉄道の開通によって、南町通や名掛丁などの駅周辺地区の整備が進み、市街地の洋風化が進んでいった。こうしたなか、東北学院もまた、新たな段階を迎えていく。

東北学院への改称

1891 年 7 月、仙台神学校理事会は、かねてから準備を進めていた、諸学校通則第 3 条に拠る私立学校設置願を提出し、9 月に受理される。これによって、仙台神学校は大きく変わることになる。

まず、申請にあたって校名が「東北学院」と改称された。そして、東北学院は国の法令に拠る「学校」となる。それまでは、1888 年の仙台神学校憲法によって、宮城中会の伝道者養成機関

として位置づけられてきたが、これ以降、学校として公認される。それにともない、東北学院は、伝道者養成に特化しない一般教育機関となった。申請によれば、それは「開発的主義に基き智徳併行の教育を授くる」ためであった。1892（明治25）年8月には東北学院憲法を定め、押川が院長、ホーイが副院長兼理事局長となる。91年は、東北学院の基礎が定められた年となった。

　校舎などの教育施設は、前章で紹介したように、すでに神学校のための整備が進められており、当面はそれで十分であったが、その後、校舎内には図書館が設置された。それは「ケルカー記念図書館」と名づけられ、1500冊もの洋書や数百冊の和漢書が収められた。当時、仙台市内にあった図書館のなかでも、際立った数の蔵書を誇るケルカー図書館は、市民からも大きな注目を集めた。

　東北学院への改称・改組は、生徒募集にも良い結果を及ぼすことになった。翌年には生徒数が100人を超え、それ以後も増加傾向をたどった。

学部学科の変遷

　創立期の東北学院では、予科（修業年限2年）、本科（同4年）、神学部（同4年、英語神学部と邦語神学部の2つに分かれる）の3つの課程が設けられた。予科は、本科に入学するための予備教育にあたる学科で、14歳以上の者が入学することが想定されていた。本科は予科を修了した者が進学するための学科で、修了すれば卒業となるが、希望者は試験を受けたのち神学部に

進学することもできた。基本的な考え方は、1888（明治 21）年
の仙台神学校憲法による学部構成を踏襲していた。

　もっとも、これ以降 1908 年まで、学科の修業年限や入学条件
の改正、学科の増設または廃止が何度も行われている。増設さ
れた学科のなかには、理科専修部のようにわずか 3 年で廃止に
なった学科もあった。これは、日本の教育制度の整備の進展と
ともに学内組織の改編が繰り返された結果でもあるが、同時に
草創期の東北学院の運営が、押川らの試行錯誤のもとで進めら
れていたということを示すものでもある。

カリキュラムの特徴

　当時の東北学院の教育上の特徴として、英語の授業の多さが
挙げられる。1892 年のカリキュラムをみると、予科 1 年では、1
週間の授業が 27 時限で、そのうち 10 時限が英学（訳読、綴字、
発音、習字）となっている。やや後の話になるが、1900 年に普
通科に入学した生徒は、当時の授業の様子を「いわば英語塾と
いつた感があつた。（中略）英語だけは普通の中学より二年は優
に進んでいた」と述べている。英語教育への熱の入れようは、
生徒の目からみても印象的であり、他校にはない魅力でもあっ
た。

　洋書が邦訳されることが少なかった当時においては、神学部
のような専門的かつ高度な教育を受けるには、かなりの英語読
解力が不可欠であった。しかし、創立当初の東北学院には英語
の専門教員がいなかった。ホーイやシュネーダーらが英語の授
業を担当していたが、語学教育を専門としない彼らにとって、

それは大きな負担となっていた。

教員の充実

このように、草創期の東北学院では、カリキュラムの内容に対して教員の数が不足し、教員のなかには1人で3～5科目を担当する者もいた。しかし、こうした状況も、国内外からの教員の補充によってしだいに改善されていくことになる。

そうした教員の一人が、1896（明治29）年にドイツ改革派教会から派遣されたポール・L・ゲルハードである。ゲルハードは、当時の日本では珍しかった、発音を重視する教育を行い、のちに「英語の学院」とよばれる東北学院の英語教育の基礎を築き上げた。

島崎藤村もまたそうした教員の一人である。島崎は、ゲルハードと同じ1896年に、作文担当として東北学院に赴任した。彼の

島崎藤村（1875-1943）と『若菜集』

在任期間は 10 カ月あまりという短いものであったが、この間に詩集『若菜集』の詩作を行い（仙台を離れた翌月に発刊）、東北学院文学会が発行していた『東北文学』に作品を投稿するなど、積極的な創作活動を行っていた。

また、卒業生のなかからのちに教員になる者も現れるようになる。1899（明治 32）年の時点でみると、教員 16 人のうち 4 人が東北学院の出身者である。そのなかには、のちに第 3 代院長となる出村悌三郎も含まれていた。

2. 学都仙台の形成と東北学院

学都仙台の形成

仙台では、1890 年代に入っても、公立や私立学校の設立が続いた。公立学校では、92 年には宮城県尋常中学校（現在の仙台第一高等学校）が、97 年には女子の高等教育を目的として仙台市高等女学校（旧宮城県第一女子高等学校、現在の宮城第一高等学校）が設立されている。

また、私立学校では、1892 年にキリスト教バプテスト派によって尚絅女学会（現在の尚絅学院）が、93 年にはカトリックによって仙台女学校（現在の仙台白百合学園）が創立されている。ドイツ改革派の宮城女学校を含め、当時の日本においてキリスト教学校が女子教育に果たした役割は極めて大きかったことがわかる。キリスト教以外では、上野清らによって仙台数学院（現在の東北高等学校）が 94 年に創立されている。すでに 70 〜 80 年代に設

立されていた学校を含め、90 年代の仙台には多くの私立学校が
集積し、"学都仙台"が形成されていった。

学生文化の興盛

多くの学校が設立されると、各学校で学生たちは「部活動」
を始める。スポーツでは、柔道や剣道といった武道のほかに、
外来競技であるボートや野球などが盛り上がりをみせた。文化
活動としては、生徒や学生自身による機関誌の発行や、弁論活
動が盛んになった。

東北学院では、東北学院文学会が 1893（明治 26）年に『東北
文学』を創刊している。『東北文学』は、生徒たちの思想、詩や
小説などの作品の発表の場でもあり、生徒たちだけでなく教職
員や卒業生たちも寄稿していた。また、同会では定期的に弁論
大会を開催し、英語やラテン語などによる演説のほか、合唱、
演劇、演奏などを市民に公開していた。

スポーツでは、1893 年に押川方存（春浪、押川方義の長男）
によって野球部が設立されている。のちに冒険小説家として活
躍した春浪は、設立当時の野球部の様子について、「草鞋穿きで
ねじり鉢巻の捕手」とか「僕らの方はフライが来るときっと落
とす。」と記述している。誇張も含まれていると思われるが、日
本野球の黎明期を知るうえで貴重な記録である。

部活動のほかに、各学校ではキリスト教青年会（YMCA）、あ
るいは類似の組織が結成されている。とくに第二高等学校で結
成された忠愛之友倶楽部は、若き日の吉野作造が参加していた
ことでも知られている。同倶楽部は東北学院との関係も深く、

押川方義やシュネーダーら教員たちが訓話に赴くこともしばしばあった。

社会問題との関わり

この時期の日本では、貧困や自然災害による窮民の発生、足尾銅山の公害問題、伝染病の流行など多くの社会問題が発生した。地方都市である仙台においても、1890 年代に近隣からの窮民の流入が続き、日清戦争後は帰還した兵士によるコレラの大流行があった。

これらの問題に対して積極的に動いたのは宗教界である。キリスト教各教派は、伝道のかたわら孤児院の設立や医療活動などを行い、また、それに刺激された仏教各教派でも同様に積極的な救済事業の動きが出るようになった。

東北学院の卒業生からも、そうした問題に積極的に関わる者が出てくる。たとえば、東北学院最初の生徒の一人である松田順平は、1892（明治 25）年に起きた濃尾地震の救済事業に参加したのち、宣教師の援助のもと仙台市内に孤児院を設立している。また、島貫兵太夫は榴ケ岡にあった貧民街に自ら足を運んで救済事業を行っている。そのほかにも、東北学院からは、キリスト教に基づいた社会活動の実践に生涯を捧げる卒業生が多く出ている。

第 2 章　成長

ミニトピック　　千島列島探検隊と高橋伝五郎

　1893（明治 26）年 6 月、海軍大尉郡司成忠は、千島列島の開拓を計画し、数人のメンバーとともに函館にいた。メンバーのなかにはのちに南極探検で名をはせる白瀬矗(のぶ)のほか、東北学院からも一人の生徒が伝道者として参加していた。

　生徒の名前は高橋伝五郎、1871 年 6 月、現在の青森県八戸市に生まれた。友人の薦めで押川方義と出会った高橋は、労働会に入会した後、東北学院神学部へと入学した。

　1893 年 4 月、千島開拓にあたって宗教者が必要と考えていた郡司は、押川のもとを訪ねた。そして、彼らの話を近くで聞いていた高橋は、押川の薦めもあって、千島列島開拓隊に加わることとなったのである。同年 8 月中旬、高橋は 8 人のメンバーとともに千島列島中部のシャスコタンの地に向かい、12 月ごろ、同地で殉難した。

高橋伝五郎（2列目右から3人目）の送別会（1893年）

3. 働きながら学ぶ者たち

設立の目的

　東北学院には押川の名声を慕って志願者が集まるようになっていたが、そのなかには経済的に豊かではない者も少なくなかった。そこで押川は、1892（明治 25）年、生徒自らが働き学資を

稼ぐための団体として労働会を設立した。これは1889（明治22）年から90年にかけて押川が欧米を視察した際に、現地で目にした育英制度をもとにしたものであった。

労働会は、当初、押川個人が経営する組織であった。事業としては新聞売り、牛乳配達、直営牧場の経営などを行っていた。その後事業を拡大し、洗濯、牛肉販売、石油販売、味噌醤油販売、雑誌販売、さらに1898年からは印刷所を設置して出版事業も行うようになる。

新聞配達の姿

会員たちの生活

労働会の会員たちはどのような生活をしていたのだろうか。労働会の全盛期といわれる1895〜97年ごろの記録からみてみよう。

1896年時点での会員数は82人で、労働会の塾舎に住んで共同生活をする会員たちもいた。南六軒丁の塾舎では、第2土曜日には押川による講話が、毎週土曜日と日曜日にはクリスチャンではない会員を対象とする聖書の講義が開かれていた。また、会員のなかには東北学院以外の生徒も含まれていたようで、97年からはそうした会員のための夜学会が開催されている。

とはいえ、会員の生活は決して楽なものではなかった。塾舎

での食事は質素なものであり、なかには教師の家を訪問してご馳走にありつこうとする者もいた。また、会員のなかには労働で疲弊し、体調を崩して授業に出られない状況に陥る者も少なからずいた。働きながら学ぶことは決して簡単なことではなかった。

社会的評価

労働会の活動は社会的に注目され、高い評価を得ていた。たとえば、1895（明治28）年6月20日付の『奥羽日日新聞』の記事には、労働会の会員たちが市民から信頼を得て、日に日に顧客が増加していった様子が書かれている。

> 労働会は年少有為の学生をして自働自活の道を得せしめ学業の余暇を以て新聞雑誌の配達より諸物品の販売を為さしめおることは世人の知る所なるが会員孰れも非常の勉励と信実とを旨とし取り扱ふが故に目下大に信用を得て依頼者の日々増殖するとの事

また、自ら学資を稼げる労働会の存在は、生徒募集にも貢献していた。1896年の会員を出身県別にみると、最も多いのが福島県の30人で、続いて山形県12人、高知県7人、宮城県5人である。労働会の存在が宮城県外にも広く知れ渡っていたことがわかる。こうして全国から集まった生徒から、数多くの有為な人材が輩出されていくことになる。

労働会のその後

前述のように労働会は事業を拡大していくが、しだいに赤字を

出すようになっていった。経営を立て直すために、1897（明治
30）年には押川個人の手を離れ、東北学院が運営するようになる。
その後、赤字を一部解消できたが、産業社会化の進展とともに、
労働に専門的な技術が求められるようになると、それをもたない
生徒たちができる仕事は限られるようになっていく。そのため、
労働会は徐々に事業を縮小せざるを得なくなり、1921（大正
10）年、30年の歴史に幕を閉じることとなる。

4. 相次ぐ試練

ホーイと押川の辞職

　仙台神学校が東北学院となってまもなく、押川とホーイの盟
友関係に変化が生じていった。院長押川と副院長で理事局長で
もあったホーイは、職務権限をめぐってことあるごとに対立し、
関係は悪化の一途をたどっていったのである。

　押川とホーイの対立の原因は、押川の「日本の伝道は日本人
の手で」という信条である。それは、大なり小なり明治期の日
本人クリスチャンの共通の思いであった。しかし、日清戦争
（1894〜95年）後、押川のナショナリズムは急進化していく。
そして、ついに押川は決定的な行動に出る。1897年、押川が議
長を務めていた宮城中会は、ホーイがその中心にいた在日宣教
師団からの資金援助を謝絶するとともに、宣教師団との協力関
係を解消する決議をしたのである。提案者は押川自身であった。

くわえて、仙台着任の直後から重い喘息で苦しんでいたホーイは、1893（明治26）年に辞意を表明したが、このときは理事会から慰留された。だがその後、ホーイは、翌年のアメリカへの一時帰国の際に母教会から奨められたこともあり、中国での伝道活動に強い興味をもつようになっていった。そして、ホーイは、99年東北学院を辞職、その後25年間、中国伝道に献身する。

一方で、押川の関心もまた、すでにキリスト教伝道よりも日本という国家、民族、さらにはアジアの救済へと向かっていた。それは中国や朝鮮が欧米列強により半植民地化されていくことへの警戒心からであったが、結果的には日本の海外進出を支持し、その帝国主義的植民政策に協力することも意味していた。

押川は1894年12月、朝鮮半島で日本語教育を行うことを目的とした大日本海外教育会を結成し、自ら副会長となった。会長には大隈重信、会計監督には渋沢栄一が就任し、賛同人には井上馨、板垣退助、新渡戸稲造、海老名弾正など、政財界、教育界、宗教界の有力者が名を連ねていた。しかし、この活動は、やがて東北学院の院長としての職務との両立を困難にしていく。そして、押川は1901年4月に院長職を辞任し、東北学院を去ることになるのである。

こうして、2人の創立者がともに東北学院を離れることとなり、新しい指導体制の確立が急務となった。

訓令十二号問題

ホーイが去り、押川の関心がすでに海外に向かっていた1899年、新たな問題が浮上した。いわゆる文部省訓令十二号問題で

ある。

この訓令は、1899（明治32）年8月、文部大臣により出されたものだが、内閣の承認を経た政府の方針でもあった。その内容は、「学科課程に関し法令の規定ある学校に於いては課程外たりとも宗教上の教育を施し又は宗教上の儀式を行ふことを許さるへし」というものである。

「学科課程に関し法令の規定ある学校」とは、1886年の学校令により国が定めた教育体系のなかに位置づけられた学校、具体的には小学校（尋常小学校と高等小学校）、中学校（現在の高等学校に相当）、師範学校のことである。いうまでもなく、法令が定める学科課程を満たせば私立学校でも設立可能であり、当時すでに私立の小学校や中学校が多く存在した。この訓令は、そうした学校での宗教教育や宗教儀式を禁じたのである。

すでに小学校や中学校を設立していた場合はもちろん、東北学院のようにこれから設立しようと考えていた学校にとっても、これは重大な事態であった。小学校や中学校を設立するためにはキリスト教教育をやめざるを得ず、キリスト教教育の継続を選択した場合、教育機関としては存続できたとしても各種学校の扱いになり、上級学校への進級資格や徴兵猶予という特典は得られなくなる。それは、学校の存立を根本からゆるがすことになる。

各キリスト教学校への影響は、すぐに生徒の減少というかたちで現れた。東北学院では、1897年には238人の生徒が在籍していたが、1900年には161人にまで減少した。早急に何らかの手を打つ必要に迫られたのである。

国粋保存主義の台頭

　訓令十二号が宗教学校、ことにキリスト教学校を標的にしていたことは明らかである。その背景には、1880 年代後半から台頭してきた思想運動、いわゆる国粋保存主義がある。本来は、民族文化の尊重を主張するもので、そのまま排外思想となるものではなかったが、結果として“舶来文化”の排撃を唱える者を多く生み出していく。当然ながら、排撃対象にはキリスト教も含まれていた。

　訓令十二号を、天皇制国家による露骨なキリスト教弾圧という側面からのみ捉えるべきかについては、議論の余地がないわけではない。しかし、1891（明治 24）年、第一高等学校で行われた教育勅語の奉読式において、教員でクリスチャンでもあった内村鑑三が深く拝礼をしなかったとして問題となる、いわゆる内村鑑三不敬事件に象徴されるように、これ以降キリスト教は、天皇制国家のなかでどう振る舞うべきかという難しい問題に直面していくことになる。

事態の打開をめぐって

　訓令十二号に対して、キリスト教学校は青山学院や立教中学など六つの学校を中心に、広く連携して訓令の撤廃あるいは施行延期を求めて動いた。そこには押川も加わっている。しかし、政府はそれに応じなかった。

　その後、政府との交渉は、たとえ正式な小学校や中学校ではなくとも、上級学校への進級資格や徴兵猶予という特典を例外的に認めるという点をめぐって行われていった。この交渉はあ

る程度の成功を収め、1900（明治 33）年ごろに、政府は、一定の条件を満たす学校に対してそれらの特典を認める措置を講じるようになる。次章でみていくように、東北学院では押川とホイの後を継いだシュネーダーによって、その解決が図られていくのである。彼の課題は、その条件をいかにして充足するかであった。

◆コラム◆ 労働会の台湾人留学生偕服英

　1896（明治29）年5月12日、多彩な人材が集う労働会に海を越えて台湾から一人の留学生がやって来た。「躰高く筋強く又色黒」く、そして辮髪という姿の青年の名前は偕服英。台湾島の先住民族の出身である。労働会が出版していた雑誌『芙蓉峰』の第3号は、彼の経歴について次のように述べている。

　氏は宜蘭県打馬煙社の人、（中略）十歳の時、初めて基督教を聴き、三年の後、即ち十三歳にして洗礼を受けたり、十六歳にして、英国宣教師の建てたる淡水の学校に入り、（中略）、都合三年を学窓に送れり、今年二十五歳、今より五年前より出でゝ伝道に従事せり（中略）氏志を立てゝ日本に留学し、更に基督の教えを研究し、彼地の同胞に尽さんことを欲するや、（中略）氏は陸軍大尉斎藤音作に従ひ、海陸道中の難を凌ぎて仙台に来たり

　少年時代にキリスト教の洗礼を受けた偕は、16歳のときにイギリス人宣教師の学校で学んだのち、伝道活動に従事していた。そして、故郷の同胞たちの役に立ちたいと思った彼は、キリストの教えを学ぶために日本へやって来たのだという。
　偕の留学生活について、残されたわずかな記録から追ってみよう。偕は来仙後まもなく「自ら求めて」辮髪を断ち、和装をするようになった。「快活無邪気」で少しも「遠慮すること」のない人物で、「巧みに讃美歌を謡」うことができた。日本語を習得したのち、正式に東北学院に入学する計画を持っていた彼は、もっぱら日本語の習得に励んだ。そして、6月ごろには日本語での会話も上達していたという。
　しかし、1896年11月、彼の留学生活はわずか半年で終わりを迎えることとなる。『芙蓉峰』第9号によれば、その理由は、故郷の家族の多くが病気にかかったためであった。会員たちに送別会を開いてもらったのち、11月23日、労働会のメンバーに惜しまれながら、偕は汽車に乗って仙台を去った。彼のその後の足取りは不明である。

第3章　飛躍

　この章は、1901(明治34)年から1926(大正15／昭和元)年までを扱う。シュネーダーが第2代院長に就任した年から、東北学院がめざましい発展を遂げ、創立40周年を迎えるまでの25年間である。経済の発展による豊かな中間層の形成や、大正デモクラシーによる民主主義的思潮の高まりは、東北学院の発展を後押しした。

　シュネーダーは、教育者として生徒に大きな影響を与え、東北学院は、彼を中心とした高い教育力で知られるようになった。また、学校経営者としても優れた能力を発揮し、ドイツ改革派教会からの支援を得て、教育環境を整備した。

　その結果、シュネーダーの院長就任時に100人弱であった生徒数は、25年後には900人以上に増加した。この間、1919年には南町大火による中学部校舎と寄宿舎の全焼という大きな危機もあったが、シュネーダーの信念と行動力は、それも乗り越えていく。26年の創立40周年記念式は、そうした東北学院の発展を内外に示す場となった。

写真:専門部校舎落成記念園遊会(1926年)

1. シュネーダー時代の始まり

シュネーダーの院長就任

1901（明治34）年5月、デイヴィド・B・シュネーダーは、押川の後を継ぎ、第2代院長に就任した。シュネーダーは、1857（安政4）年にアメリカのペンシルヴェニア州ランカスターの地に生まれ、ランカスター神学校を卒業後、87年12月に宣教師として来日した。翌年1月、仙台神学校の教授に就任し、ホーイの右腕として彼を助けた。

1899年10月にホーイが東北学院を去ったことは、シュネーダーにとって精神的に大きな痛手となった。しかし、彼はホーイに代わって理事局長を堅実に務め、留守にすることが多かった押川に代わり東北学院を実質的に運営していく。

その意味で、押川が去った後の東北学院院長の座にシュネーダーが就くことは自然なことであった。けっきょく、彼は、1936（昭和11）年までの35年間にわたって院長を務め、東北学院の発展に尽力することとなる。

東北学院を取り巻く環境

学校経営の責任者となったシュネーダーは、社会情勢の変化や国の教育行政の動き、とくにキリスト教やキリスト教学校に対する動向に敏感でなければならなかった。また、アメリカのドイツ改革派教会との良好な関係を維持し、そこから財政支援を受けることも重要であった。当時の東北学院の財政は、ドイツ改革派教会からの支援なしには校舎の建設や整備どころか教

執務室のデイヴィド・B・シュネーダー（1857-1938）

員への給与の支払いもおぼつかない状態にあったからである。

　シュネーダーが院長に就任したころの仙台市は、都市としての発展が顕著であった。1894（明治27）年に7万人であった人口は、1906年には10万人を超えた。また1910年代には、市による水道の整備と電気事業の営業が開始した。日清、日露(戦争、1904〜1905年)の二つの戦争によって軍都としての地位が高まるとともに、1907年に東北帝国大学が設置されたことにより学都としての地位も高まっていく。このような仙台市の発展は、東北学院の成長の基盤となり、それに対応するかたちで学校の整備が行われていくことになる。

訓令十二号問題への対応

　院長シュネーダーの最初の大きな仕事は、前章でふれた訓令十二号問題への対応である。すなわち、キリスト教教育を実施して

いるため中学校令に基づく正式な中学校とはなれない東北学院普通科を、中学校と同等以上の内実をもつ学校とし、高等学校（現在の大学に相当）などの上級学校への進学と徴兵猶予という二つの特典を文部省に認めさせることであった。

　1901（明治34）年5月、東北学院は文部大臣に対して「本院普通科を徴兵令第十三条に関し官立府県中学校同等以上御認定相成度」という認定願を提出した。これに対して文部省は、東北学院では授業時間数が不足していることや、授業科目のうち「本邦歴史の教授時間数少し」「外国地理を欠けり」といった問題があること、校地が狭隘であることなどを指摘した。その後の折衝でも新たな問題が指摘されたが、シュネーダーは、これらの問題に的確かつ迅速に対応した。その結果、1902年1月、東北学院普通科に対して、中学校と同等の教育機関に相当すること、そして上級学校進学と徴兵猶予の特典が認められた。

　これらの認可を受けたことは、東北学院の生徒募集に大きな影響を与え、志願者や入学者が急増した。その結果、受け入れ生徒数も増え、1900年までは100人弱であった生徒数が、1905年には200人台、1906年には300人台になっている。

　しかし、中学校に相当するとは認められても、名称を"普通科"から"中学科"に変更することはできなかった。それが認められ、普通科が「中学部」と改称するのは1915（大正4）年のことである。

普通科校舎の建設

　生徒数の増大により、普通科校舎の整備が急務となった東北学院は、校地として東二番丁（現在の仙台市青葉区一番町）に

東二番丁に建てられた普通科校舎

約3000坪の土地を取得した。同地は、2006（平成18）年に東北学院中学校・高等学校が仙台市宮城野区小鶴に移転するまでの約100年間、校地として使用された。

　そこに校舎と寄宿舎が建てられることとなった。当初、建設費は外国伝道局が全額負担することになっていたが、1904（明治37）年の着工直前になると資材の高騰などにより、それでも建設費が不足することが判明する。シュネーダーは、その不足分を募金によって補うために、1905年4月に渡米し、約4カ月間にわたり募金活動を行った。

　普通科の校舎は1905年9月に完成した。この校舎は、外壁に赤いレンガが張られた洋風建築であり、内部には36人分の座席を配置した教室が13室、約70人が一堂に授業を受けられる大教室が1室、物理実験室、化学実験室、歴史資料と自然科学の資料室が各1室設けられた。また、校舎とともに、600人が収容

できる講堂兼礼拝堂や体育館も建てられた。

寄宿舎は、シュネーダー帰国後の 1905（明治 38）年 10 月に着工し、翌年 3 月に竣工した。この寄宿舎は普通科校舎の北西に位置し、木造 2 階建てで、各階に 6 畳間 15 室が設けられ、70人の収容が可能であった。

専門学校令への対応

東北学院は、普通科の整備を進める一方で、1903 年に施行された専門学校令や公立私立専門学校規程への対応にも迫られていた。これらの法令には、高等学校や大学以外の高等専門教育を行う教育機関に関する規定が含まれており、普通科で徴兵猶予の特典を得ていた東北学院にとって、その特典を専門科でも獲得することが大きな課題となっていた。

1903 年 12 月、東北学院は文部大臣に対して専門学校としての認定申請書を提出し、翌年 2 月に認可を受けた。これにより東北学院専門科は専門学校と同等の教育機関となり、徴兵猶予の特典も取得して、法令に基づく正式な高等教育機関としての地位を確立していった。

こうして東北学院は、中等教育を行う普通科（修業年限 5 年）と、高等教育を行う専門科（同 3 年、1906 年に「専門部」と改称）から構成されることとなる。専門科には、神学部と文学部（同年に「専門部神学科」と「専門部文科」と改称）が設置された。

2. シュネーダーと東北学院

大正期の東北学院

シュネーダーの尽力のもと、東北学院は大きく成長していった。生徒数でみると、彼の院長就任時の 1901（明治 34）年には100 人弱であったが、10 年後には約 400 人となっていた。この生徒数は大正期に入ってからも増加し続け、1926（大正 15）年には 900 人を超えた。

この背景には、大正期における日本の社会情勢の変化や仙台市の発展などの要因があった。それらに適切に対応しながら、シュネーダーを中心とした東北学院は、生徒や学生を集めるための諸制度の導入や組織改革を実施した。その結果、東北学院の教育に対する社会的評価もさらに高くなっていった。また、ドイツ改革派教会からの財政支援も増えていった。

大正期の日本を特徴づけるのは、「大正デモクラシー」とよばれる自由主義的かつ民主主義的な思潮の高まりである。その代表的思想家である吉野作造がクリスチャンであったことからもわかるように、大正デモクラシーは明治期以来のキリスト教の広がりと関連していた。大正期になると、キリスト教は広く国民から認知されるようになり、そのなかで、東北学院も社会的な注目を集めるようになった。

また、第一次世界大戦（1914〜18 年）以降、資本主義経済の発達を背景に、都市部を中心に経済的に余裕をもつ中間層が形成されていた。そして、大戦後の日本の国際的地位の高まりともあいまって、人びとは高度な教育や学歴への関心を強めていっ

た。しかし、仙台市では、その受け皿となる学校が少なかった。そのため、1915（大正 4）年に「中学部」と改称することを認められた東北学院中学部は、大正中期以降には普通中学校への進学希望者の大きな受け皿となっていく。

教育者シュネーダー

　教育者としてのシュネーダーへの評価はしだいに高まり、全国に広まっていった。大正期には多くの俊英が東北学院に入学し、シュネーダーの薫陶を受けて、卒業後は社会のさまざまな分野で活躍した。

　たとえば、のちに日本農民組合の設立で中心的な役割を果たす杉山元治郎は、1885（明治 18）年、大阪府日根郡（現在の泉佐野市）に生まれ、20 歳のときに東北学院専門科神学部に入学した。また、のちに法律家・政治家として活躍し、太平洋戦争（1941〜45 年）後の日本国憲法の制定過程に深く関わった鈴木義男は、福島県白河町（現在の白河市）で生まれ、1907 年、13歳で東北学院普通科に入学した。その動機は、「茲に東北の聖者ありとの噂に魅せられた」ためだったという。さらに、のちに「聾唖者の師父」と呼ばれた高橋潔は、1910 年、東北学院専門部文科に入学した。高橋にろう教育者としての道を示唆したのはシュネーダーであった。

　シュネーダーは、彼らが東北学院を卒業した後も交流を続け、彼らに多くの助言を与えた。彼らをはじめ多くの卒業生は、生涯にわたってシュネーダーを師と仰いだ。シュネーダーは、東北学院の高い教育力の象徴であった。

生徒募集方針の変更

シュネーダーは、学校経営者としても優れた能力を発揮した。その一例が、1917（大正 6）年ごろからの生徒募集の方針や方法の大幅な変更である。

まず、『東北学院時報』などに掲載された生徒募集広告でのアピールポイントが変更された。それまでの「基督教主義に基き智徳並行を旨とし特に品性の陶冶」という高邁な理念を示す一文に代わって、卒業後の特典や経済的負担の少ないことが強調された。たとえば、普通科の特典としては、上級学校への進学資格の取得、徴兵猶予や徴兵期間の短縮が、経済面では、低廉な学費、寄宿舎完備、労働会の存在などが強調された。

また、普通科の入学試験会場を大幅に増加したことも注目される。それまでは仙台のみであったが、1912（明治 45）年 4 月からは、これに加えて宮城県内で涌谷と石巻の 2 カ所、岩手県で 1 カ所、福島県と山形県では各 3 カ所、群馬県では 1 カ所の合計 10 カ所で実施した。その後、秋田、盛岡、宮古、函館でも入学試験を行うようになる。会場は、各地の日本基督教会（日本基督一致教会の後身）に属する教会を使用することが多かった。これらの取り組みにより、東北学院は広い地域から着実に志願者を増やしていった。

さらに、当時は、現在も発行されている『東北学院時報』が同窓会によってすでに創刊（1916 年）されており、学内の近況や全国各地の卒業生の動向なども伝えていた。広く読まれていたこの『東北学院時報』に生徒募集情報を掲載することで、広く入試の広報を行うことができた点も見逃せない。東北学院は、

みずからの入試広報媒体をもっていたのである。

専門部の用地確保と組織改革

　中学部とともに、現在の大学に相当する専門部の整備も進められた。大正期になると、豊かになった市民が中等教育だけでなく、高等教育も求めるようになったからである。

　まず、東北学院専門部の校舎を建設する用地の確保が進められた。専門部が有していた教育施設は、南町通の神学部校舎および木造のオールト記念館のみであったから、これらを拡張して東北学院の中核とするためには、さらに広い土地が必要であった。こうして東北学院は、1916（大正 5）年から翌年にかけて南六軒丁に約 5600 坪の用地を取得した。これが現在の東北学院大学土樋キャンパスの始まりである。

　つぎに、専門部の組織改編が進められた。そのポイントは次の二つである。

　第一に、神学科の整備である。1915 年に、従来の神学科内の英語神学科および「別科」（邦語神学科）が改称され、それぞれが「神学科第一部」と「第二部」とされた。神学科第一部は従来のように入学資格を専門部文科卒業とし、修業年限を 3 年とした。現在でいえば、大学院に相当する。他方、第二部は入学資格を中学校卒業程度とし、修業年限を予科 1 年、本科 3 年の計 4 年とした。この第二部の修業年限の延長には、より質の高い伝道者を養成する意図があった。

　第二に、これまでの文科に加えて師範科と商科の 2 科の増設である。いずれも入学資格は中学校卒業で、修業年限は予科1年、

第3章　飛躍

本科 3 年の計 4 年とされた。師範科は中等学校英語科教員の養成、商科は商業従事者のための実践的訓練の実施を目的としていた。この商科の設置によって、戦後の東北学院大学経済学部の基礎が据えられることになる。

なお、1925（大正 14）年にも神学科の大幅な改組が行われた。神学科が専門部より分離され、神学部（第一科、第二科）とされた。これにより、専門部は文科、師範科、商科の 3 科となった。

このように、専門部の組織改編が着々と進む一方で、シュネーダーがアメリカで行った募金の残りを資金として、専門部の新校舎を建設する準備も進められようとしていた。しかしそのとき、悲劇が起こる。

3. 南町大火による被災と中学部の再建

全焼した中学部校舎と寄宿舎

1919 年 3 月 2 日午前 2 時 40 分ごろ、仙台市南町から出火し、仙台市中心部の約 700 戸が焼失した。いわゆる南町大火である。この大火は、最大風速 35.5m という暴風によって被害を拡大させ、東一番丁や教楽院丁南方面に延焼する一方、南町通や柳町通を横断して午前 4 時すぎに東二番丁の東北学院中学部校地に到達し、校舎と寄宿舎を全焼させた。なお、南町通に面していた神学部校舎はかろうじて被災を免れた。

この大火により、東北学院は中学部の教育施設のほとんどを失うこととなった。校舎の焼失を目の前で見ていたシュネーダーは

55

大きな衝撃を受け、生徒に抱えられながら自宅に戻ると同時に、長椅子に倒れ込んだという。そして、ドイツ改革派教会の知人に対して、「これは私の生涯で起こった最大の災難です」と手紙を書き送った。まさに、東北学院は存亡に関わる危機に直面したのである。

応急対策と再建計画

1919（大正8）年4月からの新学期の授業は、東二番丁小学校、YMCA、東北学院専門部校舎などの一部を借用し、それぞれの場所で行われた。その間に、中学部校地の裏側の敷地に2棟のバラック建ての仮校舎が建設され、9月からはそこで授業が行われた。

中学部校舎の再建については、当時整備されつつあった同窓会組織が中心となって募金活動が盛んに行われたほか、政財界有力者への働きかけも行われた。だが、当初、同窓会による募金総額の目標は50万円と設定されたが、1年後の1920年2月までに5万5000円しか集まらず、再建費用にはほど遠いものであった。

こうした動きを受けて、シュネーダーは、募金活動と外国伝道局への支援要請を行うため、同年4月に渡米した。その結果、1921年から1922年にかけて、外国伝道局から東北学院に対して、経常費補助7万ドルと中学部新校舎建築費7万ドルの合計14万ドルが与えられた。東北学院の再建にかける、院長シュネーダーの情熱が外国伝道局を動かしたのである。

第3章 飛躍

> **ミニトピック**
>
> ## 『河北新報』の伝えた南町大火
>
> 「東二番丁に巍然[注1]たる仙台名物の一なる壮麗なる赤煉瓦洋式建築東北学院中学部の上層楼に天を摩して高く聳立[注2]せる尖塔に魔の炎の忽焉として立ち昇るよと見る間に紅蓮は物凄く塔の窓口より吐き出され、尖塔の影は全く火炎に包まれて黄色の塔と化し、アレヨアレヨと叫ぶ間に階上の各房に延火せるものか多くの窓より濛々たる黒煙と舌火を吐きさしも、壮麗の学院の校舎も灰燼に名残を留むる無惨さを呈せり」(『河北新報』1919年3月3日付)
>
> 注1 高くそびえ立っている様子。ぬきんでて偉大であるさま。際立っているさま。
> 注2 ひときわ高くそびえ立つこと。

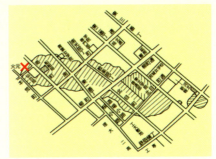

南町大火の火元(×印)と被害範囲(斜線)を示した『河北新報』掲載の地図
『仙台市史 通史編7 近代2』より

中学部新校舎と寄宿舎の完成

東北学院中学部の新校舎と寄宿舎の再建工事は1921(大正10)年5月から着手された。先に寄宿舎が同年9月に落成し、使用が開始された。新校舎は翌年6月に落成し、9月の第2学期から使用が開始され、中学部のすべての授業がここで行われることになった。

新校舎の外部には、耐火性に優れた硬質の赤レンガが張られ、市民から「赤レンガ校舎」と呼ばれて親しまれた。内部構造をみると、床および屋根には鉄筋コンクリート、外側の窓枠には鋼鉄が用いられ、教室などの仕切りにはレンガまたは鉄筋コンクリートが用いられた。このほか、冬季に火気を使用しないよ

同じ場所に再建された中学部校舎

うに、新校舎、寄宿舎ともにスチーム暖房が完備された。
　この新校舎の正面入口の真上には「LIFE LIGHT LOVE」の文字が刻まれた。このことばは、東北学院の「3L 精神」として今日まで伝えられることになる。

中学部の再興
　中学部の校舎と寄宿舎の焼失は東北学院に大きな打撃を与えたが、生徒募集にほとんど影響を及ぼさなかった。それどころか、南町大火が発生した 1919（大正 8）年には、例年の 2 倍以上にあたる 312 人もの入学者や転入希望者があった。志願者の増加はその後も続き、21 年には 500 人に達した。仙台市内では、中学校進学希望者の急増に対して、その受け皿となる中学校の整備が追いついていなかったという事情も加わり、東北学院中学部には希望者が殺到した。

こうして、東北学院は南町大火の被災から比較的短期間のうちに復興を遂げたのである。

4. 専門部校舎の建設と創立40周年

南六軒丁への専門部校舎の建設

東北学院専門部校舎の建設計画は、南町大火の影響などにより大幅に延期されていたが、中学部の新校舎の完成とともに再開される。1922（大正11）年、専門部校舎が完成するまでの措置として専門部が南町の神学部校地から東二番丁に移され、それまで中学部が使用してきたバラック建ての仮校舎で授業が行われた。

専門部校舎の建設費用を調達するために、シュネーダーは再びアメリカでの募金活動を行うことを決意する。1923年には3年に一度開催されるドイツ改革派教会の総会の年にもあたっていたため、その総会への出席という名目で妻アンナとともに帰米した。滞在期間は23年5月から翌年12月までの約1年半にも及び、その間、アメリカ各地での募金活動を行った。その結果、募金額は12万ドルにも達した。シュネーダーは、このうち7万5000ドルを専門部校舎に、2万ドルを礼拝堂に、さらに残りの2万5000ドルを寄宿舎の建設に充当できると考えた。そして24年12月に仙台に戻り、建設計画の作成に着手した。

この建設計画が現在の土樋キャンパスの原型になっている。「敷地及び建物配置平面図」によると、正門から入って正面には専門

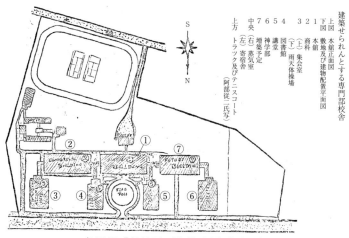

専門部「敷地及び建物配置平面図」
(『東北学院時報』1925年7月25日付より　東北学院
史資料センターが一部加筆、「上図　本舘正面図」は省略)

部校舎（現在の東北学院大学本館）、その右手には講堂を兼ねた礼拝堂（現在のラーハウザー記念東北学院礼拝堂）、左手には図書館(現在の東北学院大学大学院棟)の建設が構想された。また、本館の西隣りに商科校舎、礼拝堂の西に神学科校舎、図書館の東側には体育館兼集会室、その南側奥に寄宿舎が建てられる予定であった。

　専門部校舎の設計は、当時おもに横浜で活動していたアメリカ人建築家ジェイ・H・モルガンに依頼された。専門部校舎の建設工事は1925（大正14）年の夏から着手され、約1年後の26年7月末に竣工した。耐震性を重視した構造で、窓枠や床にはアメリカから輸入されたリノリウムが、外壁には仙台近郊の秋保で産出された秋保石（灰白石の自然石）が使用された。こうして、のちに「白亜の殿堂」と称される専門部校舎が完成したのである。当

60

時、校舎としては国内でも最高水準の建物であった。

創立 40 周年

　1926（大正 15）年 10 月、東北学院は創立 40 周年を迎え、盛大な記念式典が挙行された。この式典は 10 月 16 日から 4 日間におよび、創立記念式、祈祷会、文芸大会、運動会といった記念行事が連日行われた。この間、竣工したばかりの専門部校舎の落成式も行われた。これらの行事には、東北学院の教職員や生徒、卒業生が多く参加しただけでなく、宮城県内の政財界関係者が招かれたほか、アメリカからドイツ改革派教会外国伝道局理事長チャールズ・E・クライツとその夫人も来賓として参加した。

　なかでも特筆すべきは、東北学院の三校祖である押川、ホーイ、シュネーダーの再会である。この 3 人が一堂に会するのはホーイが辞職した 1899（明治 32）年以来、じつに 25 年ぶりのことであった。このとき、押川 76 歳、ホーイ 69 歳、シュネーダー 71 歳であった。この再会の翌年の 1927（昭和 2）年にはホーイが、さらにその翌年には押川が死去する。三校祖は、創立 40 周年という特別の場で、最後の交わりをもつことができたのである。

❖コラム❖ 大正デモクラシーと東北学院

　「大正デモクラシー」とは、天皇大権を定めた大日本帝国憲法のもとでも、主権の運用によっては民意を尊重し、「民主主義」を実現できるとした思潮である。この動きは明治末期から昭和初期にかけて顕著にみられ、美濃部達吉の「天皇機関説」や吉野作造の「民本主義」をはじめ、多くの知識人による思想や主張が登場した。また、従来の諸制度の変革も提唱され、普通選挙などが実施された。

　1886（明治 19）年に仙台神学校として創立された東北学院は、キリスト教主義に基づく人間形成を中心に据えた教育に取り組んでいた。やがて、このような教育を受けた者のなかから、大正デモクラシーの担い手ともいうべき多くの優れた人材が登場することになる。

　杉山元治郎（1885－1964）は、1909 年に東北学院専門科神学部別科を卒業した。22（大正 11）年には日本で最初の農民組合の統一組織である「日本農民組合」の初代組合長に就任し、農村不況を背景に激化していた小作争議の解決のために尽力した。また、第二次世界大戦後の 55（昭和 30）年には衆議院副議長を務めた。

　鈴木義男（1894－1963）は、1912 年に東北学院普通科を卒業した。その後、大学教授を経て弁護士となり、治安維持法（25 年制定）により不当に弾圧・投獄された人々の弁護を献身的に行った。また、政治家として日本国憲法第 9 条 1 項の「平和」の文言や第 25 条の生存権規定の挿入に尽力した。

　木村久一（1883－1977）は、1908 年に東北学院専門部文科を卒業した。その後、東京帝国大学文科大学哲学科に進学し、早稲田大学教授を経て、平凡社の『大百科事典』の編集長に就任した。とくに注目されるのは、早稲田大学教授時代、吉野作造や福田徳三らとともに民本主義の普及活動を行った黎明会に参加したことである。また、小松謙助（1886－1962）は、1905 年に東北学院普通科を退学した。その後、東京朝日新聞の記者を経て、25 年に「社会教育協会」を設立した。それ以降も一貫して社会教育の普及活動に尽力した。

　これらは、ほんの一例にすぎない。大正デモクラシー期は、東北学院の教育が実を結んだ時期でもあった。

第4章　停滞

　この章は、配属将校問題が出てくる1925（大正14）年から、シュネーダーが院長を退任する36（昭和11）年までの11年間を扱う。

　この時期は、1932年の礼拝堂完成に象徴されるように、院長シュネーダーのもとでの東北学院興隆の仕上げの時期である。しかし、27年の昭和金融恐慌、29年の世界恐慌、そして31年の満州事変と続く一連の出来事を経て、30年代中葉まで、日本は満月がゆっくりと欠けるかのように、暗黒の時代へと進むことになる。

　こうした時代の変化は、東北学院にも影を落とす。学生の就職難、学生と理事会の対立、外国伝道局からの経常費補助の削減に伴う財政危機、それを背景にした神学部の廃止問題など、数多くの試練にみまわれた。

　老境を迎えつつあったシュネーダーには、かつての統率力に陰りがみえ始めていた。理事会は、多くの苦悩の種を残したまま、シュネーダーの退任を承認する。

写真:東北産業博覧会（1928年）

1. 発展の継続と「ぼんやりとした不安」

仙台市の発展

　仙台市は、明治期後半から大正期にかけて大きく発展するが、その発展は昭和期に入っても順調に続いた。人口は 1925（大正14）年に 14 万人だったものが、30（昭和 5）年には 19 万人、35年には 22 万人に増え、名取郡長町（現在の太白区長町）や宮城郡原町（現在の宮城野区原町）など周辺町村との合併によって市域も拡大する。

　この時期には交通の整備が進む。すでに 1922 年に設立されていた宮城電鉄（現在の JR 仙石線）は、25 年には西塩釜まで、28年には石巻にまで延伸した。また、市内では 26 年に市電が開通し、翌年には環状線が完成するなど、市民の便利な足となる。さらに、路線バスの営業が始まったのもこの時期である。

　その結果として、市街地中心部のにぎわいも増していった。新しい娯楽の中心として映画館が増え、演芸や娯楽施設も軒を並べた。行楽の場として動物園や公園が整備された。1928 年に開催された東北産業博覧会は、55 日の開催期間に延べ約 45 万人が会場を訪れ、大盛況のうちに幕を閉じる。

専門部の成長

　東北学院専門部は、1918 年の改組により神学科、文科に加え、師範科と商科を置いたことで、学生数を増やしていった。18 年度の学生数は 4 科で 101 人であったが、25 年度には 298 人と約3 倍になる。この時期、中学部の生徒数は約 500 人であり、東北

南六軒丁に建つ専門部校舎（左）と礼拝堂（右）

学院全体のなかで専門部学生の占める割合が急速に大きくなっていく。

　こうしたなか、1925（大正14）年、専門部は再び改組し、これまでの4科を文科、師範科、商科の3科からなる専門部と神学部に分けたことは前章でふれた。神学部は、専門部の上級にあたる教育機関、今日でいえば大学院としての位置づけがより明確になった。その後、専門部は29（昭和4）年に「高等学部」と改称され学生数も増え続け、30年には363人に達した。

礼拝堂の建設

　南六軒丁の専門部では、校舎完成のあと礼拝堂の建設が進められた。礼拝堂の建設は、専門部だけの問題ではなかった。1923年、シュネーダーは、押川が創立した仙台教会の後身である仙台日本基督教会から分離・独立した東北学院教会の設立を

目指しており、その礼拝や集会の場所を新たに確保することが急務であった。

　シュネーダーは、1929（昭和4）年、夫人とともに5年ぶりに帰米し、礼拝堂建設資金のための募金活動を行った。翌年4月に戻ったシュネーダーは、約16万円の寄付が集まったこと、そのうち約10万円は一人の婦人の寄付であることを報告し、「彼女は未婚の老嬢で、牧師の令孫で、極めて質素な生活を営んでゐるピッツバーグ市の方」と紹介した。この女性がエラ・A・ラーハウザーであり、"ラーハウザー記念東北学院礼拝堂"としてその名前を残すことになる。

　工事は1931年から始まり、翌年3月に完成した。設計者は、校舎と同じモルガンであり、彼の代表作となる。カレッジ・ゴシック様式とよばれる重厚な形状と構造、復活ののち昇天するキリストを描いたステンドグラス、東京以北では最初に設置されることとなったパイプオルガン、いずれをとっても当時の最高水準を誇る礼拝堂であった。

「ぼんやりとした不安」

　しかし、こうした華やかな成果を誇りつつも、1920年代後半から東北学院は、いくつかの不安要素を抱えることになっていった。それは、東北学院だけのものではなく、日本全体が抱えるものでもあった。1927年に自死した芥川龍之介は、それを「ぼんやりとした不安」と書き遺した。東北学院もこの「ぼんやりとした不安」に覆われていくのである。

パイプオルガンとステンドグラス

ミニトピック

東北学院大学の3キャンパスの礼拝堂には、それぞれ特徴のあるパイプオルガンとステンドグラスが設置され、東北学院が誇るべき宗教的空間をつくり上げている。

ラーハウザー記念礼拝堂の内観

ジェイ・H・モルガンの設計によるラーハウザー記念礼拝堂（土樋キャンパス）には、完成当初はアメリカのモーラー社製のオルガンが設置されていたが、1978（昭和53）年にドイツのベッケラート社製のものに換わっている。正面のキリストの昇天を描いたイギリス製のステンドグラスは礼拝堂完成当初からのもので、荘厳な雰囲気を醸し出している。

1983年に献堂された多賀城キャンパス礼拝堂には、ドイツのシュッケ社製のオルガンと、ビッグ・バンによる宇宙の創造を表すステンドグラスが取り付けられている。88年に献堂された泉キャンパス入口に立つ礼拝堂には、フランスのケルン社製のオルガンと、田中忠雄がキリストの生涯を描いたステンドグラスが9枚（正面に1枚、左右両側面にそれぞれ4枚）配置されている。

礼拝堂は、創立者たちの建学の志を想い起こす場であり、卒業生にとっては学生時代を懐かしむ場となっている。

2. 経済状況の悪化

昭和金融恐慌と世界恐慌

　明治期以来、日本各地には小規模銀行が相次いで設立されていた。第一次世界大戦後の反動不況、関東大震災後の震災恐慌により打撃を受けた小規模銀行は、おりからの震災手形の発行などによって、何とか経営を維持していた。しかし、1927（昭和2）年3月、ときの大蔵大臣片岡直温の失言に端を発した取りつけ騒ぎは、またたくまに広まり、5月までに30行ほどが休業に追い込まれる事態となった。昭和金融恐慌の始まりである。

　政府はモラトリアム（支払猶予）を施行し、かろうじて最悪の事態を脱したが、一息つくまもなく、1929年10月にはニューヨークのウォール街にある株式市場が大暴落を起こした。日本政府は昭和金融恐慌からの脱却を目指して翌年1月から金輸出解禁を断行するが、金の大量流出を招いたため国内の物価は急落し、宮城県内でも米価と繭価の下落によって農村経済が壊滅的な打撃を受けた。同年11月時点での調査によれば、仙台市における失業世帯数は4500戸に上った。20年代半ばまでとはうって変わって、厳しい時代が到来したのである。

学生の就職事情

　不況の影響は、東北学院の学生の就職活動をも直撃することになる。大学を卒業しても就職できない学生の姿を描いた小津安二郎の映画『大学は出たけれど』がヒットしたのは、まさに1929年のことであった。このタイトルはそのまま、当時の世相

を表す流行語となるが、事情は東北学院でも同様であった。

1932（昭和7）年10月に発行された『東北学院学生時報』には、「就職が今から心配　明春巣立つ八十の卒業生よ何處へ行く」という記事が掲載されている。記事は、「明春三月華やかなるべき「卒業」を控へて本学各科の四年生九十名は末梢神経を針のように先鋭化して履歴書の大量生産に余念がない」と、就職難にあえぐなかでの就職活動の苦悩を伝えた。

「今春卒業生はいまだに三分の一が遊軍を承ってゐるが、商科は大体に於て八割近く捌け師範科は四割が落ち着いたとは言ふものの教職に在るもの無慮一名といふ状態」とあるように、学科ごとにばらつきはあるものの、全体の 3 割程度の学生が、卒業を前にして就職先が決まらない状況であった。「三人寄れば話しは必然的に就職の方へ向くが、「卒業」と「失業」とが同じに響く寒い会話ではある」と、学生の苦悩は尽きなかった。この時期、高等学部の学生数が順調に増えていったことはすでに述べたが、ほとんどは卒業後の就職への強い不安を抱えながら学生生活を送っていた。

3. 配属将校と学校教練

学校教練の正課化

1925（大正 14）年、文部省は全国の中等学校以上の教育機関に対して、「配属将校」の派遣を開始した。現役の将校による学校教練を行うためである。学校教練とは、学生や生徒に対して正

課として射撃演習を含めた部隊教練などを行うものであった。

　当初の陸軍の思惑は、第一次世界大戦後に世界的な軍備縮小（軍縮）が進むなかで、現役将校のポストを維持することである。学校教練の導入は公立学校では義務であったが、私立学校には選択の余地があった。しかし、東北学院は、その年のうちに他の私立学校同様、自ら希望して配属将校を受け入れて学校教練を正課とした。その理由はどこにあったのだろうか。

配属将校受け入れの背景

　それは、卒業後に兵役上の特典を得るためである。そして、この特典は、生徒募集のうえで、極めて重要な役割を果していた。

　兵役上の特典が学校の生徒募集に大きな影響力をもっていたことは、1899（明治32）年の訓令十二号問題に関連して、第2章、第3章で指摘したとおりである。今回の配属将校受け入れも同様であった。1927（昭和2）年に施行された兵役法では、徴兵された際に他の兵士よりも優遇されて最短10カ月で上級士官へと昇進することを約束された「幹部候補生制度」が導入された。そして、その幹部候補生の有資格者は、配属将校が行う学校教練の査閲（試験のこと）に合格した者と定められていた。もし、配属将校を受け入れなければ当然ながら査閲が実施できず、すなわち、この「幹部候補生制度」の特典の資格が得られないことになる。

　先に述べたように、すでに就職難の時代が始まっていた。国家公務員でもあった職業軍人への就業人気は高まり続けていた。そうした状況をふまえて、東北学院は他の私立学校と同様

宮城野原にあった演習場で射撃演習を行う学生たち

に、学生募集上のメリットを勘案して積極的に配属将校を受け入れたのである。

　このように、当初はそれほど大きな問題意識を感じることなく、生徒募集の観点から現実的に対応した結果として受け入れた配属将校であったが、教育現場に軍との関わりが入り込んできたことは、新しいそして注目すべき変化であった。

学校教練の様相

　実際にどのような教練が行われていたのだろうか。残っている資料によると、例えば1927（昭和2）年10月20～21日に行われた「実弾射撃演習」では、朝7時30分までに東北学院の「雨天体操場」に集合したのち、市内台原にあった射撃演習場に向かったが「両日とも出発の際は本科生徒当日使用に必要なる銃器を携行するものとす」とされ、銃器を携帯して市内を行軍し

て現地で実際に実弾射撃を行うという、実戦さながらのもので
あった。

4. 学校経営の危機

学生と教職員の不満

1920 年代後半から 30 年代前半という時期は、マルクス主義の
影響を受けた左翼学生運動が盛んになり、それに対抗する右翼
思想も台頭していく時代である。全国の高等教育機関において
も「同盟休校」とよばれたストライキなどが頻発した。東北学
院では、そうした政治的対立に加えて、神学的対立というキリ
スト教学校に特有の事情もあった。また、それと関連して、
1923（大正 12）年に東北学院教会が仙台日本基督教会から分離・
独立したことをめぐって、教会関係者、地区組織である東北中
会、さらには神学部の教員や学生の間には意見の対立があり、
紛争の火種がくすぶっていた。

また、この時期は財政的な問題も顕在化した。その原因は、
外国伝道局から東北学院への経常費補助の削減である。外国伝
道局からの経常費補助は、大正初年には年 1 万ドルあまりであっ
たが、東北学院の求めに応じて、大正半ばから 2 万、3 万、4 万
ドルと増え続け、そして昭和初期にはほぼ 5 万ドルとなってい
た。しかし、こうした急激な増額に対して、1927（昭和 2）年、
外国伝道局から初めて前年比 10％の削減が求められ、世界恐慌
発生後の 32 年度からは削減幅が拡大されていった。当時、経常

費の半分以上を占めていた経常費補助の削減は、教職員への待
遇低下をもたらし、東北学院理事会に対する不満の原因となっ
ていた。そしてついに、このような不協和音が、東北学院全体
を揺るがす問題となっていくのである。

高等学部教授免職問題

　まず、1926（大正 15）年に神学部と専門部商科（のちに「高
等学部商科」と改称）で相次いで問題が起こった。前者は学生
の退学処分に対する、後者は経営的観点からの教員解任に対す
る、学生からの異議申し立てであったが、両事件とも深刻な事
態には至らなかった。

　しかし、1931（昭和 6）年 6 月に起こった事件は、戦前期の東
北学院最大の学内紛争へと展開し、理事会は対応に苦しむこと
になる。ことの発端は、同年 6 月 29 日、理事会が高等学部教授
角田桂嶽の免職を決定したことであった。角田は東北学院神学
部を卒業後、アメリカのプリンストン神学校で神学を学び、帰
国後に母校の教壇に立っていた。彼は逐語霊感説、すなわち聖
書の語句すべてが正しいという聖書無謬説を唱え、学内でもキ
リスト教根本主義（ファンダメンタリズム）を広め、穏健な自
由主義的キリスト教の立場をとる理事会に対しても厳しい批判
を加えていた。それに対して、危機感を強めた理事会は、彼が
辞職しないのであれば、免職にすることを決議したのである。

　だが事態は複雑な様相を帯びていくことになる。まず、教員
たちはこの事件を理事会による人事権の不当な行使として捉
え、角田免職の取り下げを理事会に申し立てた。彼らは、その年、

外国伝道局からの補助削減の影響を受けて、給与の切り下げを
のまされており、理事会に不信感を募らせていた。

　また角田は、中会所属教師試補として仙台北四番丁教会での
伝道説教を熱心に行っており、その関わりから東北中会や仙台
日本基督教会からも、角田免職をきっかけに理事会を批判する
動きが出てきた。仙台日本基督教会から独立して東北学院教会
を設立するという行動をとっていたシュネーダーへの教会関係
者からの不満が、再び現出しようとしたのである。

高等学部騒擾事件

　さらに学生が夏休みを終えて学校に戻ると、学生らによる抗
議も加わった。しかも、それは角田一人の人事問題を超えて、
長きにわたるシュネーダー体制への全面的批判へとエスカレー
トしていく。学生らは、シュネーダーや出村悌三郎らの理事会
に対して、国際情勢の急変によって外国伝道局からの補助がな
くなるかもしれない状況にまったく手を打てないばかりか、い
たずらに美麗な校舎や礼拝堂を建設して、自らの名誉としてい
ると批判した。そして、シュネーダーと出村の退任、理事全員
の改選などを要求した。この出来事は、「高等学部騒擾事件」と
して広くニュースになり、ラジオでも取り上げられた。

　このような動きに対し、理事会は 9 月 17 日から二度にわたる
10 日間の休講措置をとりながら学生側とも交渉を行い、角田の
免職をめぐる経緯を説明し、何とか事態を収拾するに至った。
だが、この事件が表面化させたのは、外国伝道局からの経常費
補助に頼っていた東北学院の財政への危機感や、東北中会と東

74

北学院教会の亀裂、学生と理事会との意思疎通の欠如、そして何よりも長きにわたるシュネーダー体制への不安と不満であった。理事会もまた改革を進める必要性に迫られていた。

基本金募集の試み

先述のように、外国伝道局からの経常費補助は、1927（昭和2）年度以降、徐々に削減されていたが、1934年には前年比40％という大幅な削減が行われた。理事会にとっては、外国伝道局からの補助に頼らない財政基盤の強化が焦眉の課題となった。そのための一つの方法が、まとまった額の基本金を設立し、その運用によって経常費の一部に充当させるという方策である。理事会は、同年5月に100万円を目標とする基本金募集を決定する。しかし、不況下の当時において、目標額に到達することは難しかった。自給自立化への道は、極めて険しいものであった。

神学部の廃止

こうしたなか、1936年7月、理事会は苦渋の決断をする。神学部の廃止である。建学以来の伝統であった伝道者養成を担ってきた神学部を廃止することは、極めて重大な決断であった。

しかし、神学部は東北学院にとっても、外国伝道局にとっても財政上の大きな負担となっていた。1936年度でみると、神学部の授業料収入は1780円、支出は4人の専任教授の人件費が8167円、その他が2426円で、その不足分を外国伝道局からの補助8813円で埋めるが、それでも赤字であった。神学部に中学部

と高等学部を合わせた学生約 1000 人中、わずか 0.4％あまりの学生を抱えていたにすぎなかった神学部が、学校全体の支出の約 7％を占めていたのである。

　こうした財政事情は、神学部を抱えていた他のキリスト教学校も同様であった。そこで検討されたのが、教派を超えた神学教育機関を合同することである。そうした動きは 1933（昭和 8）年ごろからあり、東京や横浜地区に仙台を加えた六つの神学教育機関の間で、最終的には合同を念頭に入れた協力体制を確立する議論が進められた。しかし、そのときの話し合いでは、各校、各教派の思惑が絡み、具体的結論は出なかった。

　その後、より現実的な案として検討されたのが、同じ神学的背景をもつ日本神学校（現在の東京神学大学）との合同である。日本神学校は、押川らの学んだ横浜「ブラウン塾」にその起源をもち、その後いくつかの校名を経て、1904（明治 37）年以降は「東京神学社」と名乗っていたが、30 年には同じ流れをくむ明治学院神学部と合同して「日本神学校」と改称していた。この神学校との合同は、35 年ごろから検討され、翌年春には外国伝道局がこれを進める結論を出した。

　学内では神学部長エルマー・H・ゾーグをはじめとして反対意見もあったが、理事会は日本神学校との合同案を承認し、神学部は 1937 年 3 月をもって廃止されることになる。神学部の校地と校舎は 39 年 12 月の理事会決定によって、日産海上保険に売却することが決定され、売却代金から 10 万円が先に述べた基本金に組み込まれた。

| ミニ
トピック | 最初の女子学生 |

　東北学院が名実ともに男女共学となるのは、戦後、1946（昭和 21）年に新制大学の前身の専門学校を設置したときである。

　しかし、それより前に、東北学院で学んだ女子がいる。木村花子である。木村は、1922（大正 11）年に神奈川県立高等女学校を卒業するが、翌年の関東大震災で被災し、仙台に移住。25 年、宮城女学校英文専攻科を卒業し、27 年に東北学院神学部本科に入学する。神学部本科は、現在ならば大学院である。木村が入学できたのは、当時、神学部だけは女子を排除していなかったからである。

　木村は 3 年後に卒業し、宮城女学校の教員となり聖書と英語を教えた。その後、木村は静岡英和女学校に移り、退職後、東京で生涯を終えた。戦前に東北学院で学んだ女子は、この木村花子だけである。

前列左端が木村花子。
中央にシュネーダーと出村悌三郎が並んでいる

5. シュネーダー時代の終焉

シュネーダーの辞意

　1901（明治 34）年の院長就任以来、まさに獅子奮迅の働きで東北学院をけん引してきたシュネーダーは、すでに老境を迎え

つつあった。70歳を迎えようとしていた1927（昭和2）年3月、彼は理事会に辞意を表していた。しかし、理事会は強く慰留した。時代の転換点にあって、学校行政家としてのシュネーダーの手腕はまだ必要であったからである。

　しかし、高等学部騒擾事件では学生からの批判にさらされ、財政問題が深刻化するなど、シュネーダーの心労は大きくなるばかりであった。そして、1934年9月、理事会は、当分の間、院長代理を置くことなどを条件として、36年の東北学院創立50周年記念式を機としたシュネーダーの退任を承認する。ついに、シュネーダーはその重責を肩から降ろすことを認められたのである。

最後の演説

　1936年5月11日の創立50周年祝賀式において、シュネーダーは教職員、卒業生、学生を前に、次のような演説を行っている。

今一つの事を申し上げなければなりません。東北学院の将来は亦多分過去に於けるよりも一層困難になりませう。成程過去に於てもいろいろ克服すべき困難と問題とが御座いました。けれども将来は一層多くなるでせう。学校の物質的設備は未だ充分に実現されてゐません。財政的基礎は未だ充分に確立しません。他の学校との競争は益々激しくなりませう。生徒数の増加に依つて私が只今述べたやうな真の意味に於いての真のキリスト教々育を施す事が益々困難になりませう。又其の時特色を失つて他の私立学校と等しくならうとする傾向がないでせうか？　そして若しあるとすれば、それはその味を失つた塩のやうなものとなるでせう。之等は私共が学院の歴史の後半世紀に入らんとする今日断乎として対抗す

るのが最も適当と思はれる真の困難であり真の危険であります。

　東北学院を誰よりもよく知るシュネーダーその人をして、「多分過去に於けるよりも一層困難になりませう」と予言させたように、これ以降の東北学院は、まさに存続をかけた闘いの時期を迎えることになる。

　すべての任を終えたシュネーダーは、1936（昭和11）年6月、仙台を離れ帰米の途に着いたが、仙台駅には1000人を超える学生と市民が集まり、彼を見送ったという。しかし、シュネーダーは、2年後の38年6月再び仙台に戻る。そしてその年の10月、苦労をともにした仲間たちに見守られながら、その生涯を終える。葬儀は東北学院葬として執り行われ、そのなきがらは仙台市内北山のキリスト教墓地に埋葬された。

院長として最後の演説をするシュネーダー

◆コラム◆ ヘレン・ケラーの東北学院訪問

あまり知られてはいないが、1937（昭和12）年7月1日にヘレン・ケラーが東北学院を訪問している。その時の情景を同月10日付『東北学院学生時報』第25号の記事から再現してみたい。

この日朝ザウグ〔ゾーグ〕部長は礼拝に於て童顔をニコニコほころばせてこの喜びを我々に伝へ、午過より全高等学部生は校門より玄関への道に整列して待つ事しばし、やがて出村院長、宮城県視学等を乗せた自動車を先導としてケラー女史は秘書トムソン女史に手を

東北学院来訪時のヘレン・ケラー（左）

ひかれ、見えぬ眼を開いて手を振りながら玄関前に立った。やがて咽喉の奥からふりしぼる様な、所謂奇跡の声で話し始めた。一瞬この二十世紀の奇跡を聴かんものとして全学生は耳をすます。その声は直ちにトムソン女史によって通常の英語に直され、それを今度は岩橋氏が日本語に通訳するのである。

正門付近は東北学院以外にも、東北帝国大学や第二高等学校、宮城女学校などの仙台市内の学生らでごった返していた。

学生らを前にヘレンは、「私は今日かねてから親しみのある学校へ訪れる事が出来て非常に喜びを感じます」と語りだした。東北学院の学生らにとっても誇らしい瞬間だったであろう。ヘレンが「かねてから親しみのある」といったのは、じつはヘレンと東北学院との関わりはこのときが初めてではなかったからである。

神学部1年の学生が、教科書として使用した彼女の自叙伝について

の読後感を送ったのに対し、1933（昭和 8）年 11 月にはヘレンから東北学院に宛てて返書が送られていた事実があった。そこでヘレンは「遠隔の地日本の親愛なる友人の皆様」に宛て、「ピンクとホワイトの花の咲き乱れるあなた方の国の桜を想ってください」と、当時治療のために訪れていたスコットランドの情景と重ね合わせながら、東北地方と東北学院への想いを伝えていたのである。

　来訪したヘレンは多数の学生を前に「私は皆さん方に一つの忠告を与えませう」と次のように語りかけた。

　間もなく皆さんは学校を出られる事でせう。そこで皆さんは現実というふものにぶつかる事でせう。けれども現実の中に於てこそ皆さんの持ってゐる理想といふものは、いよいよ輝きを増し価値のあるものとなるのです。理想を持ち続ける事です。それがこの学校に於て皆さんの得た最大の価値です。

　困難な現実のなかでこそ輝きを増す理想。そのわずか数日後から始まることになる戦争の時代においても、キリスト教教育を守り抜いていく東北学院のあり方を予知していたかのような「奇跡の人」の言葉である。

第 5 章　苦悩

　この章は、シュネーダーに代わって出村悌三郎が院長となる 1936（昭和 11）年から、戦時下の幾多の苦悩、戦後の混乱を経て、新しい東北学院の姿が提示される 48 年までを扱う。まさに苦難の 12 年間である。
　日中戦争が長期化するなかで、日本国内では思想統制が進められ、教育現場にも「皇国教育」が求められていった。さらに、1941 年 12 月に始まった太平洋戦争は、東北学院にとって、かつてない苦難と試練をもたらす。学徒出陣というかたちで学生を戦地に送るなか、東北学院は、学校を守り抜くために、東北学院航空工業専門学校（航空工専）の設置という選択を強いられることになった。
　敗戦は新たな混乱の始まりでもあったが、同時に新たな希望の始まりでもあった。ドイツ改革派教会の後身である E&R 教会は、再び東北学院に財政的な支援の手を差し伸べ、優れた人材を派遣した。そして、新しい憲法や新しい法的枠組みのもと、東北学院は建学の精神に基づく教育の新たな発展に向けて、歩み始めていく。

写真:日中戦争戦没卒業生慰霊祭（1941年）

1. 日中戦争と東北学院

シュネーダーから出村悌三郎へ

1936（昭和11）年5月16日、院長のシンボルである校鍵は、シュネーダーから出村悌三郎に手渡された。出村は現在の新潟県新発田市に生まれ、新潟英学校（のちの北越学館）で英語を4年間学び、同校の英語教師となった。北越学館の廃校後は押川を慕って来仙し、再び学生として東北学院神学部で学んだ。卒業後は、そのまま東北学院で教鞭をとることになるが、その間、渡米してイェール大学やハーバード大学で学んだ俊英である。シュネーダーの片腕として長年、学校経営にも関わってきた出村の院長就任は、きわめて当然の流れであった。しかし、彼が院長を退任する45年3月までの9年間は、東北学院にとって、かつてない苦難の時期となる。

日中戦争の開始

1937年7月、北京郊外の盧溝橋付近で発生した軍事衝突をきっかけとして、日中戦争（1937〜1945年）が始まった。国民の多くは当初、この戦争が長期化するとは考えていなかった。しかし、戦場は上海、南京から徐州へと拡大し、長期戦の様相を帯びていくことになる。当時の日本国民の男性は基本的に2年間の兵役義務を負い、その後も「予備役」や「後備役」というかたちで、戦時には兵士として戦地に赴く応召義務を負っていた。戦争が長期化することは、とりもなおさず、兵士として戦場に立つ若者が増え続けることを意味していた。

| ミニ
トピック | 「我は福音を恥とせず」 |

　院長シュネーダーは、東北学院創立50周年の記念式典（1936年）で
「過去五十年を顧みて」（新約聖書ローマの信徒への手紙1章16節）と
題した説教を行っている。そしてこの「最後の説教」は、NHKのラジ
オ放送を通して全国へと伝えられた。のちにこの説教は、その一部が
敷衍され、題も「我は福音を恥とせず」と改められてレコードに吹き
込まれた。ここではその一部を紹介する。

　救とは肉的慾望と利己的慾望の力から、又闘争から又、腐敗と滅亡
から解放される事であります。同時にまた他面に於いては、人類に
新たなる永久的希望を与へる事であります。そして此の新たなる生
命とこの新たなる希望を与へ得る唯一の力はイエス・クリストの福
音であります。故に、今日の人々にこの神の力を宣伝することを躊
躇したり、無気力になつたりする事は、私共にとつて単に間違いで
あるばかりでなく、実は罪であります。神と人とに対する罪であり
ます。

　　　　　　　　　　　　（中略）

私共は全日本の救を幻に見乍ら活動しなくてはなりません。いな私
共の幻はこれを日本以外に迄拡げなければなりません。今や如何な
る国家でも単独では立つて行く事が困難であります。全世界は凡べ
ての国家が救われない限り如何なる国家でも本当に永久的に救われ
ない程、互に相関連して居ります。文字通り四海は同胞であります。
私共に対する神の召命は、救を得させる神の力たる、そして唯一の
力たるこの福音を宣伝する為めに勢よく働く事で御座います。恥と
しないで。絶対的に信心をもつて働く事で御座います。

　　　　　　　　　　　　　　　　　　（『東北学院七十年史』より）

戦地に赴く卒業生

日中戦争の長期化に伴って、東北学院の卒業生にも戦地に赴く者が増えていった。1937（昭和12）年11月30日付の『東北学院時報』第134号では、「今事変発生以来、教職員並びに同窓生中今まで判明せる応召の方々はすでに六十五名に達し、名誉の戦死を遂げられた方や、戦傷を負はれた方も別記記載の通りである」として、65人に及ぶ教職員や卒業生が戦地に赴いたこととされ、別の記事でも戦死者が4人出たことが記されている。戦争の影は、ゆっくりとだが確実に学生や教職員の身近に迫っていた。

「戦地便り」

この時期の『東北学院時報』には、「戦地便り」が掲載されている。ある卒業生は、「〇〇上陸以来連日連夜の激戦、悪戦苦戦は舌筆には現はせず皆様の御想像に御任せ致候　一本の煙草も三十人位ひで喫み合ひ、三日に一度位しか食料に有付けぬ状態も度々有之候」と、戦地の物資不足の状況を伝えていた。また、高等学部商科出身者の大阪における同窓会の「大阪商窓会」会報でも「大阪に来て丸出しの東北弁で話の通ずるのは此處だけである。この気だけで家へ帰つた様な気がする。時刻が進む。仙台の話が出る。学校の話が出る。」としながらも、「時節柄事変の話に移って行く。前回まで元気な顔を見せてゐた我会員高梨兄は此度四聯隊へ応召、昨十四日大阪駅を出発せられた」と続けた。戦争の影が色濃く日本を覆い始めていた。

第 5 章　苦悩

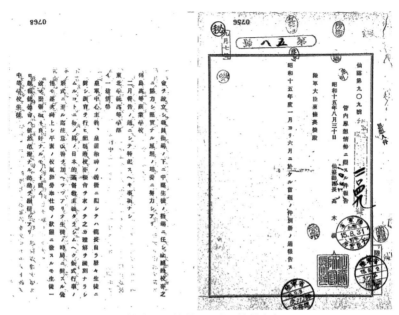

「管内思想情勢に関する件報告」
1940年8月に仙台師団長が陸軍大臣東條英機に送った文書

「日本的基督教主義」

　1940（昭和 15）年 8 月、仙台に司令部を置いていた陸軍第二師団は、宮城、福島、新潟の中等学校、高等学校の思想情勢を調べ上げた報告書を陸軍大臣に提出している。そこでは意外なことに、東北学院高等学部は戦争に協力的であると高く評価されていた。いわく、「皇軍中心主義、皇道精神の透徹に関しては院長自ら縷々生徒に対し訓育を行」い、「日本的基督教主義たらしむへく儀式行事の形式に至る迄注意改善を加えつつ」とある。東北学院は、皇道中心主義を「院長自ら」訓示する「日本的基督教主義」をとりつつある学校だというのである。

87

しかし、この裏には、キリスト教主義学校が戦時下におかれていた苦悩が隠されている。東北学院は 1935（昭和 10）年に天皇と皇后の御真影を下賜され、紀元節（2 月 11 日、現在の建国記念の日に相当）や天長節（4 月 29 日、当時の天皇誕生日）をはじめとする四大節などの祝祭日にはそれへの拝礼を欠かすことはなかった。そうはいっても、政府からみれば、それがキリスト教主義学校の本心かどうかは疑わしいものがあったろう。

　そのため、1939 年 6 月に文部省の意を受け、宮城県は在仙のキリスト教主義学校の校長らを呼び出し、「我国に於けるあらゆる学校の教化目的の中心点は皇国民の錬成と云ふことである。従ってキリスト教主義学校も之を中心とせねばならぬ」と訓示し、念を押した。

　先述の「日本的基督教主義」は、キリスト教主義教育への風あたりが強くなる現実に対して、東北学院がとった窮余の妥協策であった。キリスト教主義を守るためには、「皇軍中心主義、皇道精神の透徹に関しては院長自ら縷々生徒に対し訓育を行」わなくてはならなかったのである。

配属将校質問事件

　前章で述べたように、1925（大正 14）年に導入されるときには、軍部、学校の双方がそれぞれ利益を見出していた配属将校制度も、時代が過ぎるとともにその関係は変化をきたしていった。40 年 5 月 17 日、それを顕在化させる事件が起こる。それは、雨天のために室内での講義となった教練当日の教室でのことであった。

〔配属将校安達保蔵は〕学生らの思想動向を打診せんとして先づ基督教信
仰者及受洗者を尋ねたるに数名あり、次で之等数名の学生個人を指名して
順次「基督と天皇陛下とはどちらが偉いか」との質問を発したるに、右学
生等は質問の意外にして且出題者の真意に疑問を抱き孰れも「本問題はあ
まりにも重大に付書面答申にせられたし」との答を為したる模様なり。

　その後、「斯る質問を発して吾々を試さんとするは軽率且非常な
り」と憤慨した学生側は、逆に質問をぶつけるなど応酬したとい
う。このように、当初は単なる天下り先確保の方策に過ぎなかっ
た配属将校制度は、この時期には、軍による思想動向調査の手段
となっていた。

　さらに学校教練が正課であることを利用し、軍部が学校に圧
力をかけることもできるようになる。配属将校が学生を指揮し、
現役の少将クラスの軍人が査閲官となった査閲において落第点
がつくと、配属将校の派遣そのものが見直される可能性があっ
たからである。その場合、翌年以降に将校が配属される保証は
なく、結果として、学校は徴兵期間の短縮などの特典を受けら
れなくなる。そのことが学生募集に与えるダメージは、きわめ
て大きいものであった。

　先述の事件においても、軍側の史料には「本問題を知得せる
学院当局は、問題の表面化を憂慮し密かに穏便終息策を講ずる
所ありたる」とある。学校側は、軍部の意向を損ねないように、
下手に出るほかなかったのである。

2. 太平洋戦争開戦

宣教師の抑留

1941（昭和16）年12月8日の真珠湾攻撃によって太平洋戦争が始まる。敵国となったアメリカを本拠地とするドイツ改革派教会の援助を受けていた東北学院にとって、受難の時代の幕開けであった。

開戦の当日には、のちに院長となるアンケニーがスパイ容疑で収監され、翌日には、神学部長や高等学部長、理事長といった要職を歴任していたゾーグを含む在仙の宣教師が、敵国人として身柄を拘束され、元寺小路のカトリック教会司教館に収容された。そして彼らは、1942年6月に日米交換船によってアメリカへの帰国を余儀なくされる。ここに、創立以来、日本人とアメリカ人が協力して運営してきた東北学院の歴史は、しばらく途絶えることになった。

塗りつぶされた「3L」

1942年9月9日、『河北新報』の紙上に「目障りな米英標語 問題になつた東北学院の玄関」と題した記事が掲載された。「自由主義華やかなりし頃の米英標語が中堅学徒を育てる学園の玄関に堂々とのさばつてゐる」として、中学部の正面玄関に掲げられていた「LIFE　LIGHT　LOVE」の標語が、敵性言語として標的にされたのである。新聞記者の取材に対して、宮城県学務部長も「"三つのL"を掲げておく等とは以ての外だ、日本人なら誰しも不快を感ずることと思ふ、厳重取締りたい。」と述べた。

掲げられていた「LIFE LIGHT LOVE」の標語を塗りつぶした中学部校舎正面

こうした声を前にして、東北学院は、ついにその標語を自主的に塗りつぶすことを決める。キリスト教主義を掲げる東北学院への世間の風あたりは、日に日に強まっていた。

勤労奉仕活動の本格化

学生や生徒を労働力として活用しようとする動きも、1939（昭和14）年ごろから本格化した。同年7月の記録によれば、「愈々（いよいよ）夏季休業。事変下の夏季休暇は単なる休養に非ずして勤労奉仕及心身鍛錬のために用ひよとの注意があつた。従つて或者は満州国に或者は北支に或者は北海道に夫々（それぞれ）勤労奉仕を為し之を除いた残りの生徒全部は之を前段後段の二段に分ちて勤労作業に従事した」とされている。

1941年4月には「報国団」という学生勤労団体が結成され、太平洋戦争が始まると、勤労奉仕活動はさらに組織的かつ実質的なものになっていった。たとえば、43年7月19日から25日にかけて、東北学院報国隊は柴田郡大河原町にあった海軍第一火薬廠において「軍用品の運搬整理」を行っているが、これは民間会社からの申請を受けて、文部大臣と厚生大臣が勤労奉仕を割りあてたものであった。太平洋戦争の開戦後は、多くの男子が兵役に就くなかで減少した労働力を補うために、東北学院の学生たちも

工場労働や開拓作業へと振り分けられたのである。

3. 太平洋戦争の激化

学徒出陣の開始

　真珠湾攻撃を成功させ、東南アジア各地を占領したことで得られた日本軍の戦略的な優位性は、1942（昭和17）年6月のミッドウェー海戦の敗北、翌年2月まで続いたガダルカナル島をめぐる攻防戦の失敗によって失われ、それ以降、戦況は悪化の一途をたどることになる。

　そのようななか、教育機関への締めつけはさらに強くなっていく。政府は軍事技術を支える理工系学校の組織拡充と、文系学校の整理統合策を打ち出し、それと同時に文系学科の学生に対する徴兵猶予を見直す決定を行った。いわゆる学徒出陣の始まりである。

　1943年10月21日には、明治神宮外苑競技場において「出陣学徒壮行会」が行われたことはよく知られているが、東北学院に対しても、その様子を伝えるラジオ放送を傾聴しながら、同様の壮行会を開催することが求められた。現在判明している限りでは、43年度には東北学院の学生数580人の約30％にあたる177人が出陣している。写真のように、東北学院の学徒出陣壮行会は礼拝堂で行われたが、ステンドグラスは板と白布で覆い隠され、そのうえに日の丸が掲げられた。

　キリストの愛と平和を説く学校として、学生を戦地に送り出

第 5 章　苦悩

学徒出陣壮行会（1943年）

す苦悩ははかりしれないものであった。それと同時に、学徒出陣とは、学費を納める学生を徴兵により失うこと、そしてその収入に多くを負っていた東北学院の経営が深刻かつ危機的状況を迎えることを意味していた。このまま新たな手を打たなければ、学校の存続そのものが危ういものとなったのである。

航空工専への改組

　その対応策としてとられたのが、時勢に合致した新たな教育機関への改組である。1943（昭和 18）年 12 月末、東北学院理事会は、卒業生であり、海軍とのかかわりも深かった実業家萱場資郎や、東北帝国大学総長熊谷岱蔵らの支援を受けながら、東北学院航空工業専門学校（航空工専）への改組を決定する。その設立趣意書によれば、「大東亜戦争勃発以来此所に二年、祖国の急愈々重大を加ふるの秋、本学印は殉国の精神に則り、高等
　　　いよいよ　　　　　　　　　　　　　　　ママ

93

商業部の諸施設を挙げて決戦兵器たる航空機の特に生産関係並に整備関係技術者を教育養成し、一は以て現時我が国策重要教育国策に答へ」ることが、その設立目的であった。

こうして、東北学院は、もはやキリスト教教育を打ち出すことができないまま、「決戦兵器」である航空機の関連技術者養成のための教育機関への改組によって、学校の生き残りを図ったのである。1944（昭和19）年3月末に行われた第1回の入学試験では、航空機科と発動機科あわせて定員150人に対して1305人の受験者があり、確かに改組の効果は絶大であった。

しかし、戦局の悪化とともに、学校を取り巻く環境はさらに悪化していった。当時の南六軒丁と東二番丁の校舎の多くは軍部に接収された。南六軒丁では、高等商業部校舎（現在の大学本館）は航空工専校舎として接収を免れていたが、西隣の木造校舎は陸軍の被服廠に、その隣のブラッドショウ館は海軍地方部に、礼拝堂地下は仙台電信局の特設非常電話局となった。苦悩は深まるばかりであった。

仙台空襲と東北学院

1945年7月9日深夜11時、福島県相馬沖から仙台市西方に侵入したアメリカ軍機B29の編隊は、住民の逃げ道をふさぐように、外周部から中心部へと弧を描きながら焼夷弾を落とし続けた。第二師団司令部のあった仙台城二の丸跡から仙台駅西部の市街地までが一夜のうちに焼きつくされた。

南六軒丁の木造校舎は焼失し、奇跡的に延焼を免れた航空工専校舎と礼拝堂の屋根にも焼夷弾が貫通した。東二番丁の東北学

院中学校(1943年に中学部から改称)校舎は外壁を残して焼け落ちた。シュネーダー夫妻がその建設に心血を注いだ中学校校舎はみずからの母国と第二の故郷日本との戦争によってほとんど灰燼(かいじん)に帰したのである。

仙台空襲によって焼け落ちた中学校の礼拝堂内部

その1カ月あまりののち、日本の敗戦を国民に伝えた8月15日の玉音放送を、多くの学生たちは勤労奉仕中の工場などで聞くことになった。

4. 復興への灯

敗戦直後の混乱

敗戦直後の日本は、一方で海外から600万人あまりの引揚者を内地に引き受けなくてはならず、他方で空襲によって生活の場と都市機能が失われ、食糧事情もひっ迫するという、先行きのまったくみえないなかでの再出発だった。

教育現場においては、連合国軍最高司令官総司令部(GHQ/SCAP)の指令のもと、それまでの「皇国」思想が否定され、自由主義的思想への転換が図られることになったが、それは未

曽有の教育的混乱を招くものとなった。

　東北学院もその影響を免れることはできなかった。敗戦とともに各地から勤労奉仕に出ていた学生らが帰校したが、空襲によって多くの校舎が失われていた。残された南六軒丁の校舎で授業を再開させたが、教室が足りず、東北学院中学校は午前と午後の二部制によって何とか授業を行う有様であった。

　戦時下に設立された航空工専の学生にとっては、事態はさらに深刻であった。1945（昭和 20）年 12 月に GHQ は、日本の再軍備化の可能性を封じるために、航空産業の一切停止を発表し、それを受けて航空工専も閉鎖を余儀なくされたからである。

キリスト教への希望と宣教師の帰仙

　だが、そのようななかでも明るい兆しがみえ始めていた。1945 年 10 月、アメリカのキリスト教協議会および外国伝道協議会から派遣された宣教師視察団は、戦後日本において新たなキリスト教伝道が成功する見通しを伝えた。じっさい、それまでの価値観が一変するなか、国民の間には新たな精神的支柱をキリスト教に求める者も増えていた。東北学院教会でみると、41 年から 45 年までの戦時下に受洗した者はわずか 8 人であったが、46 年度の新規受洗者は 13 人、47 年度 19 人、48 年度 24 人と急増する。

　日米開戦の直前や戦時中に帰国を余儀なくされていた宣教師らの帰仙も相次いだ。1947 年以降、日米交換船で帰国を余儀なくされたアルフレッド・アンケニー、ロバート・H・ゲルハード、さらにカール・S・シップルらが夫婦で仙台に戻ってきた。アン

ケニー夫人は「窓から見える景色は、平和だった時代とはほとんど変わっていないように思われました。ほどなく「仙台」というアナウンスがありました。そして、変わり果てた仙台を目にすることが、どんなにショックだったかは書くまでもありませんでしょう。」と、東北本線の車窓から焼け野原となった仙台を目にした光景を伝えている。

アンケニー夫妻らは、自ら物資の困窮で苦しむなかでも、東北学院の再建を進め、被災者となった仙台市民への援助を惜しむことはなかった。そして、アメリカのキリスト教会からの支援が、その活動を支え続けた。

E&R 教会からの援助の再開

創立以来、東北学院を支えていたドイツ改革派教会は、1934（昭和 9）年、同じくドイツ系移民団を母体とするエヴァンジェリカル教会と合同し、エヴァンジェリカル・アンド・リフォームド教会（E&R 教会）となっていたが、47 年、同教会は日本への再宣教とともに、東北学院と宮城学院再建のための資金援助を行うことを決定した。

E&R 教会国際伝道局は 1950 年までに、東北学院に対して総計 10 万ドルに及ぶ資金援助を行う。戦後、再建された講義棟や研究室などの建築費用の全額、寄宿舎の再建費用の 7 割がこれでまかなわれた。それだけではない。E&R 教会は先述のアンケニー、ゲルハード、シップル夫妻らに加えて、百数十人に上る多数の青年宣教師らを日本に派遣した。のちに東北学院大学文学部教授となるウィリアム・C・メンセンディクもその一人であ

る。

　このように、戦後における東北学院の復興は、このような戦争によっても絶ち切れなかった日米友好の絆によって築き上げられたものであった。とりわけ、アメリカの宣教師団とのつながりは、東北学院の戦後復興にとって大きな財産となったのである。

専門学校の設立

　日本の敗戦は、キリスト教を敵視する風潮や、戦時下の東北学院を苦しめた教育勅語の呪縛から解かれることも意味していた。航空工専の廃止が決まるなか、戦後の東北学院がまず目指したのは、文系専門学校の「復旧」であった。

　1946（昭和 21）年 2 月に理事長杉山元治郎が文部省に提出した専門学校設置認可申請書には、「数年来急激なる国情の変遷につれて幾度かその組織を変更したる我校も之を復旧して更に創立の精神を一層強化し　以て平和的世界文化の建設に貢献し得る人物の養成を計らんとす」とある。これが認められ、東北学院専門学校は英文学科 100 人、同学科二部 50 人、経済科 150 人、同学科二部 100 人の定員で再出発する。しかも戦前とは異なり、いずれも男女共学とした。この専門学校は、同年 4 月に女子 14 人を含む 437 人の新入生を迎えたほか、航空工専からの編入生も受け入れた。

　新しい経営陣も整えられていった。1946 年 11 月、出村悌三郎の辞任のあと 1 年半以上にわたって空位となっていた院長職には、出村剛が就任する。出村剛は翌年 5 月の理事会において、

新学制の開始にあわせて大学の設立を目指すことを明らかにした。東北学院中学校は、新しく校長となった月浦利雄のもと、新制中学校、新制高等学校として再出発することが決まっていた。

　こうして東北学院は、信教の自由を強く保障する日本国憲法、そして、教育基本法、学校教育法という新しい学校制度のもとに、キリスト教主義に立脚した教育機関として新たな発展を目指すことになるのである。

❖コラム❖ 時代に翻弄された航空工専

　日本の敗戦によってわずか2年ほどでその歴史に幕を閉じることとなった航空工専であったが、学生たちは、何を目的に入学し、またどのような授業を受けていたのだろうか。

　航空工専が目指していたのは実践的技術者の養成であったといえる。東北学院航空工業専門学校設立趣意書に記載されている教育方針によれば、航空工専は「航空機及航空諸兵器の生産技術の修得を主眼」としていた。また、趣意書によると、1年、2年では「普通及専門學科並に實習」を行い、3年では「實機製作設計及整備」を行う予定としていた。

　実際に航空工専で行われていた授業も、専門的な科目が多かったようである。1944（昭和19）年8月21日より実施された「第二学期授業時間表」によると、授業は月曜日から土曜日まで、金曜日のみが7時限まであり、それ以外の曜日は6時限までであった。午前7時55分に朝礼が始まり、8時から1時限目の授業が始まる。水曜日には流体力学、木曜日には電気工学、土曜日には製図などの専門的な授業が行われる一方で、東北学院の特徴でもあった英語科目は、外国語科目として、ドイツ語と合わせて週3〜4回程度となっている。また、長町

にあった萱場製作所仙台製造所において、部品製造の実習授業も行われていた。

　このように、航空工専は研究者の養成を目指す大学とは違う方針を打ち出し、飛行機製造に携わる技術者の養成を目指した授業を行っていた。しかし、航空工専はその使命を果たすことなく、1945（昭和20）年12月、東北学院工業専門学校に転換するかたちで廃校となった。

　前掲の写真は、のちに東北学院大学教養学部教授となる佐藤壽郎の学生時代の写真である。佐藤は、航空工専が設立された1944年、同校に入学した学生の一人であった。彼の後ろには、現在の大学本館前に置かれていたという萱場製作所から寄贈された戦闘機もみえる。

第 6 章　復興

　この章は、戦後の学制改革のなかで東北学院大学が誕生する 1949（昭和 24）年から、規模拡大が一段落を迎える 67 年までを扱う。

　戦後の教育改革による新学制の開始に対応して、東北学院は、中学校、高等学校、大学、短期大学部を設立する。中学校と高校は、校長月浦利雄の方針により中高一貫教育を徹底するために統合され、中学校からの入学者だけを募集するという方式をとった。大学では、当初申請した文学、商経の 2 学部設置が認可されず、文経学部のみというかたちでの出発となった。しかし、大学も中学校・高校も、その後順調に発展していく。新しい制度のもと学校法人となった東北学院は、小田忠夫が院長に就いて指導力を発揮する。

　1960 年代に入ると、戦後ベビーブーム世代の進学と高度経済成長により、高校、大学への進学希望者が急増する。東北学院は、高校では榴ケ岡校舎の新設による定員増、大学では学部増設などにより、これに対応することになる。

写真:新制東北学院中学校・高校運動会（1948 年）

1. 戦後復興と東北学院中学校・高校の設立

仙台の戦後復興

戦後の日本経済は、朝鮮戦争（1950 〜 53 年）による特需景気をきっかけとして成長軌道にのり、1956（昭和 31）年度の『経済白書』では「もはや戦後ではない」といわれるまでになる。その後も成長は続き、60 年代には、世界から「奇跡」と評される高度経済成長を実現していく。

仙台も順調な戦後復興を遂げる。市中心部には、東西南北に広い幹線道路ができ、近代的都市がつくられていく。人口も、1947 年には 29 万人と戦前の水準を超え、50 年代末には 40 万人に達した。東北の中心都市としての地位は不動のものとなる。

学都仙台も復活する。戦前や戦中からあった多くの高等・中等教育機関は、かたちを変えながら、ほとんどが存続したからである。街には学生や生徒があふれ、戦後の自由な雰囲気のなかで、それぞれの青春を謳歌する。井上ひさしの『青葉繁れる』（1973 年）は、まさにこの時期の仙台を描いた小説である。

新制中学校・高校の設立

新学制の開始により、新制中学校は 1947 年度、新制高等学校は 48 年度に設立した。戦前に中学校を設立した私立学校の多くは、これを新制中学校と高校とに分けて再出発を図ったが、東北学院は同じ校地に中学校と高校を設立し、一体的な運営を行うこととした。その後、53 年から 57 年まで、中学校と高校を分離し、それぞれ別の校長をおく時期があったが、結局は再統合

し、出発点に戻ることになる。また、高校には二部（夜間部）が設置された。戦時下に中学校の夜間部として設置していた二部（修業年限4年）を継承するものであった。

戦後の教育改革のなかで、新制高校の教育課程では選択教科制と単位制が導入されるが、東北学院高校は定められたすべての教科を必修とし、それに加えて聖書と英語（外国語）も必修とした。また、高校からの生徒募集は行わず、中学校からの入学者を6年間一貫教育することを原則とした。これにより、本来、中学校と高校の6年間で学ぶべき内容を5年で学び、最終学年には独自のカリキュラムを組んで受験に備えるという体制をとることができた。

月浦の校長就任

こうした方針は、校長月浦利雄の考えによるものであり、それ以後も、中学校・高校の運営は月浦の手に委ねられた。月浦は、1898（明治31）年石巻生まれ、1912年東北学院普通科に入学し、22（大正11）年専門部師範科を卒業後、朝鮮および東京での教師生活を経て、25年東北学院中学部の教諭となった。戦前は高等学部、戦中は航空工専の教授も兼任したが、戦後、46（昭和21）年に中学校校長となり、2年後には高校校長も兼務する。中学部在学中に洗礼を受けた月浦は、恩師シュネーダーを終生敬愛してやまず、その精神を体現することに努めた。

中学校・高校の発展

中学校・高校の船出は順調であった。空襲で甚大な被害を受

けた校舎は、まだ再建できていなかったが、発足初年の 1947（昭和 22）年の中学校入試には、入学定員 100 人に対して 4.3 倍の出願があった。校舎は 49 年に再建され、赤レンガ校舎が復活する。二部の入学志願者も多く、51 年のデータでみると、二部の生徒数は 441 人と、昼間の高校 473 人、中学校 491 人に匹敵する生徒数をかぞえ、財政的にも学校を支えた。

　その後、中学校・高校は、校舎の増築を進め、入学定員を増やしていく。1954 年には中学校の入学定員を 300 人と倍増させる。これにより、中学校・高校と高校二部を含めた生徒数は、2000 人を超えることになる。

2. 東北学院大学の発足

新制大学の発足

　東北学院が新制大学設立の方針を固めるのは 1947 年 5 月であり、その直後に、理事長、院長をはじめとする経営陣に加えて、宮城県知事、仙台市長、河北新報社会長などが入った設立準備委員会が組織された。

　設置認可を申請するのは 1948 年 7 月である。その申請書によれば、設置学部は文学部と商経学部の 2 学部で、文学部には英文学科、商経学部には経済学科を置き、2 学部 2 学科で発足するというもので、さらに両学科は昼間の一部と夜間の二部に分けるという構想であった。しかし、文部省との協議の結果、校地、校舎、施設、ことに教授陣の現況では、このかたちでの認可を

第6章　復興

ミニトピック　八木山68万坪の夢

　戦後の東北学院は、大学においても中学校・高校においても、校地の狭さが悩みの種であった。しかし、戦後まもなくのある出来事がうまくいっていれば、そうした悩みとは無縁だったはずである。それは、仙台の八木家が所有していた仙台市の南方の丘陵地帯「八木山」の約68万坪の土地を東北学院が譲り受けて、校地とするという構想である。当時、GHQの指令による農地解放が進められていたこともあり、地主の八木家がこの土地の譲渡を申し出ていたのである。

　住宅地帯となった現在とは異なり、当時は一面木々におおわれた未開発の土地であったため、道路、電気や水道を整備する必要があるなど懸念も多かったが、理事会は1947（昭和22）年5月、八木家の申し出を受け入れることを決める。そして、この用地取得を前提に、同年秋には小学校から大学まで一貫してキリスト教教育を行う壮大な総合学園構想を示すのである。しかし、その後の土地の譲渡交渉はうまくいかず、49年までにこの構想も幻と消える。

得ることは難しいことが判明する。けっきょく、1949（昭和24）年3月までに設置認可を受けるためには、設置学部は文経学部のみとし、そこに英文学科と経済学科の2学科を置くというかたちをとるしかなかった。性格を異にする2学科を同じ学部に置く体制は、64年に文学部と経済学部が分離するまで続くことになる。

短大部の設置

　二部（夜間部）は4年制大学としては認められず、夜間開講の短期大学部を設置し、そこに英文科、経済科を置くというか

たちで申請し直すことになる。それが認められて 1950（昭和
25）年 4 月には、短大部の英文科、経済科が開設となる。当時、
官公庁や企業に勤めながら高等教育を受けることを望む人が多
く、夜間の短大部への入学志願者は多かった。そのため、52 年
には法科を増設するが、その後、59 年に短大部は廃止され、英
文科と経済科は大学の文経学部二部となる。

小田の学長就任

東北学院大学の初代学長となったのは小田忠夫である。小田
は、1901（明治 34）年宮城県桃生郡雄勝町で生まれ、15（大正
4）年東北学院中学部に入学した。神道の家に育った小田は、中
学部で初めてキリスト教に接し、第二高等学校 2 年のときに洗
礼を受ける。東京帝国大学を卒業後、東京市政調査会研究員を
経て京城帝国大学教授となり、財政学を講義していた。

敗戦の混乱のなか 1945 年仙台に戻っていた小田は、設置予定
の東北学院専門学校経済科長への就任を懇願される。最初は、
これをやむなく引き受けた小田であったが、48 年からは出村剛
に代わって専門学校校長となり、49 年に新制大学の初代学長と
なった。

大学の発展

中学校・高校とともに大学も順調に発展していった。大学が 4
学年までそろう 1952 年の学生数は、大学（4 年制）が 1523 人、
短大部（2 年制）が 762 人、これに勤労青年（社会人）を対象と
した聴講による短大別科生 225 人を加えると、総計 2510 人とな

第 6 章　復興

り、この数は中学校・高校の生徒数を上回る。

英文学科を中心に、女子学生の数も増えていた。設置当初は、英文学科でも 1 割程度に留まっていた女子の割合は、1950 年代末には 3 割を超えるようになる。このころから、男子の大学というイメージが大きく変わることになる。

3. 組織と施設の整備

学校法人化

最初は私塾のような存在だった東北学院が、設立目的を明確にして財産などに対する国家の法的保障を獲得したのは、1908（明治 41）年に社団法人となってからである。その後、29（昭和 4）年には財団法人に切り替えられ、理事長はシュネーダー（院長を兼務）、そしてゾーグ、出村悌三郎、杉山元治郎へと引き継がれ、47 年からは鈴木義男が務めていた。

しかし、1949 年の私立学校法の施行により学校法人の制度が導入され、東北学院も 51 年 2 月に改めて学校法人として認可される。初代理事長には鈴木が就いた。寄附行為第 3 条には、「この法人は、基督教に基いて徳育を施し又教育基本法及び学校教育法に従い中学教育、高等教育、大学教育を施すことを目的とする。」と規定されている。これは、まさしく建学の精神の宣言である。

109

学校法人東北学院の理事たち（1962年）

小田の院長就任

　東北学院は、1949（昭和24）年4月の新制大学発足から51年2月の学校法人化までの2年間に、2人の院長を失うという事態に見舞われる。すなわち、49年9月には46年11月以来、院長を務めていた出村剛が63歳で急逝する。後継者にはアルフレド・アンケニーが選任される。アンケニーは、戦後いち早く日本に帰任し救援活動に奔走した宣教師で、妻マーガレットはシュネーダーの次女であり、後継者として最もふさわしい人物であった。しかし、そのアンケニーも、50年5月の院長就任式の前後から体調を崩し、翌年2月に療養先のアメリカで亡くなってしまう。

　1951年5月、理事会は、小田を学長と兼任のかたちで後任の院長に選任する。学校法人の代表者はあくまで理事長であるが、理事長の鈴木は東京在住のうえ多忙を極めており、学校の運営に関する実質的決定は院長によってなされた。こうして、

1982（昭和 57）年までの 31 年間に及ぶ院長小田の時代が始まるのである。

シュネーダー記念図書館の建設

中学校・高校の校舎再建が一段落着いた 1949 年、次は大学の図書館建設が課題となった。第 3 章でふれたように、シュネーダーは、南六軒丁の校地の「中央に院長室等を含む管理と教場の本館、

図書館正面入口に掲げられた聖句

向かって右手に霊性の陶冶(とうや)を目指す礼拝堂、そして対称的に左手には知性と学識の宝庫としての図書館」を配置するという構想をもっていた。本館は 1926（大正 15）年、礼拝堂は 32 年に完成しており、残すは図書館であった。しかも、シュネーダーが院長退任後の帰米の際に図書館建設資金として約 1 万 3000 ドルを募金し、それが戦後も手つかずに外国伝道局に保管されていた。シュネーダーの遺志に応えるために、一日も早い完成が望まれた。

1949 年、院長出村剛を委員長とする「シュネーダー先生記念図書館資金募金委員会」が発足し、総工費約 5000 万円の不足分約 1000 万円の募金を開始する。その後、募金の難航、相次ぐ院長の死去、朝鮮戦争による資材の高騰などにより計画は遅れ、規模もやや縮小されたが、シュネーダー記念図書館は 52 年に着工され、翌年完成する。その正面入口には、会計理事津田郁(いく)の筆に

なる「ヱホバを畏るゝは知識の本なり」（旧約聖書箴言 1 章 7 節）の聖句を掲げ、学問を志す者のもつべき基本姿勢を指し示した。

国際伝道局からの財政的自立

東北学院の戦後復興が、E&R 教会の国際伝道局からの財政支援に大きく依存したことは、前章で述べたとおりである。しかし、経常費補助については、戦前よりも大幅に減っていた。1949（昭和 24）年の国際伝道局報告によると、東北学院の学生・生徒数は 2702 人、その授業料収入は 4 万 6237 ドルであり、それに対して国際伝道局からの経常費補助は 5000 ドル、補助率は約 10％である。

その後も補助率は低下し、1955 年には約 5％となる。東北学院の学生・生徒数が約 5500 人と飛躍的に増大したからである。こうして、海外の教会からの財政的な依存という時代は終わろうとしていた。とはいえ、東北学院が強固な財政基盤をもつようになっていたわけではない。むしろ、60 年代の急激な規模拡大のなかで、その財政運営の危うさが顕在化することになる。

一貫教育の問題

中学校・高校と大学がそれぞれ順調な歩みを進めていた 1950 年代、中学校・高校と大学の一貫教育をどう考えるかという点で、中学校・高校校長の月浦と、大学学長で院長の小田との間で微妙な違いが表面化する。

月浦にとって重要なことは、中高一貫教育であり、戦前の中学部がそうであったように、東北学院高校の卒業生が東北大学、

月浦利雄（1898-1973）　　小田忠夫（1901-1982）

東京大学などの国立をはじめ全国の著名な国公立や私立の大学に進学することこそ誇るべきことであった。そして、彼は「この点でも他の高等学校に劣らないことこそ、キリスト教主義教育の具体的な表現の一つであるとの確信を抱き、その実現のために全力を傾注した」と自負していた。

　他方、小田は、「下は幼稚園から小中高及び大学に至るまでの一貫した体系を備える」ことが重要であり、一貫教育は中高大10年間の教育によって完成するという。それは、大学学長兼院長という立場からの発言というだけではない。小田は、院長就任式において、民主主義を支える「自由の精神と平等の人格」はキリスト教的倫理観を前提とするものであり、「学院教育の目標は、人格の尊厳を自覚せしめることにあるとも云い得るのであり、又学院が日本の民主社会確立のために果たすべき役割も亦こゝに存するのではないかと思う」と述べる。東北学院がこ

の使命をまっとうするためには、大学までの一貫教育が不可欠である。これこそが、小田の信念であった。

創立 70 周年と『七十年史』

敗戦から 10 年が経ち、日本全体が戦後復興から新たな発展へと歩みを進めていた 1955（昭和 30）年、東北学院は創立 70 周年を迎えた。ラーハウザー記念礼拝堂で行われた記念式では、衆議院議員で理事長の鈴木義男が式辞を述べ、卒業生代表として衆議院副議長の杉山元治郎が祝辞を述べた。

当時の東北学院は、学生・生徒数が 5500 人を数える学校に成長し、将来に自信をもつとともに、自らの歴史を振り返る余裕も出ていた。そうしたなかから、東北学院初めての学校史編纂事業が企画される。普通科を卒業し、長く中学部で国語教師を務めた花輪庄三郎を執筆者として進められた編纂事業は、1959年の『東北学院創立七十年史』発行というかたちで結実した。

4. 高度経済成長のなかの規模拡大

高度経済成長とベビーブーム世代の進学

1960 年 7 月に成立した池田内閣は「所得倍増計画」を掲げ、高度経済成長を政府の公約とする。経済成長は都市への人口集中をもたらし、進学率を高め、都市部の学校の入学志願者増加をもたらすことになる。

さらに、1947〜52 年生まれの戦後ベビーブーム世代（のちに「団

1960～70年の満18歳人口と大学・短大進学率

満18歳人口は総務省「国勢調査」(1960年)、大学・短大進学率は文部科学省「学校基本調査」年次統計をもとに東北学院史資料センターが作成

塊の世代」とよばれる世代）が、1962（昭和 37）年に高校、65年には大学への進学年齢を迎える。60 年の国勢調査によれば、1947 年生まれの人口は 233 万人で、46 年生まれより 84 万人多く、48 ～ 51 年生まれも 200 万人以上の状態が続く。その世代の高校進学、大学進学が迫っていた。そうしたなかで、東北学院は、入学志願者増に対応して学校の規模を急激に拡大するという選択をする。

榴ケ岡校舎の誕生

　最初の規模拡大は、中学校・高校から始まる。県から高校新設の強い要請を受けた東北学院は、1959 年、高校に各学年 3 学級（135 人）を増設することでそれに応えた。しかし、校舎は東二番丁ではなく、榴ケ岡（現在の仙台市宮城野区の榴岡公園）にあった陸軍の旧兵舎で戦後は進駐軍が使用していた施設を借用するという奇策であった。旧兵舎を改造した校舎は、学校の

体をなしていないみすぼらしいものであった。こうして、急場しのぎから出発した東北学院高校榴ケ岡校舎は、泉の校地に独立して移転する 1972（昭和 47）年まで、この地で苦闘する。

工学部の設置

東北学院大学の規模拡大は、1962 年、多賀城キャンパスに工学部を設置することから始まっていった。多賀城キャンパスは、戦時中は海軍工廠の従業員用住宅があった場所で、61 年 9 月、そのうちの 10 万 8000 ㎡について東北学院が「学校施設に供する」ため払い下げを申請し、翌年 2 月に認められた。工学部設置計画は用地取得と同時並行で進められ、取得が正式に認められる前の 2 月 17 日に設置認可が下りている。また、申請直後の 61 年 11 月には校舎建設が始められ、翌年 10 月に完成している。

工学部は、機械工学科、電気工学科、応用物理学科の 3 学科構成で入学定員は 3 学科合わせて 160 人であった。2 月の設置認可で募集期間が短かったにもかかわらず、初年度から入学定員を満たすことができた。その後、工学部は 1967 年、土木工学科を増設、既設 3 学科も定員を増やしていくことになる。

幼稚園の設立

工学部の設置と同時に、多賀城キャンパスの一角に、東北学院幼稚園が設立された。「幼稚園から大学まで」の一貫教育を目指す院長小田の意に沿うものであり、初代園長は小田が兼任するほどであった。しかし、園舎は進駐軍の酒保（PX、日用品などを扱う売店）、遊具はアメリカン・スクールのものを再利用し

幼稚園旧園舎（現在の多賀城市役所庁舎前にあった）

ての開園であった。初年度の入園者は、事前の広報期間が短かったこともあり、入園定員 120 人に対して 74 人にとどまったが、その後、多賀城町（現多賀城市）の人口増加に伴って入園者は順調に増え、入学定員を満たすようになる。

文学部と経済学部

次の課題は文経学部の分離と拡充であった。文学と経済学という異質な 2 つを結合した文経学部は、新制大学設置申請の際に、いわば急場しのぎとして生まれた学部であり、時機をみて独立することは学内では暗黙の了解事項であった。1963（昭和 38）年 4 月、それがようやく実現する。文学部には英文学科、基督教学科、史学科の 3 学科、経済学部には経済学科、商学科の 2 学科が設置された。基督教学科の設置によって、37 年の神学部廃止以来途絶えていた伝道者養成課程が復活する。同時に、

文経学部二部も分離され、文学部二部には英文学科、経済学部二部には経済学科が設置された。

これにより、東北学院大学の入学定員は、工学部を含めると800人になる。工学部設置前の 1961（昭和 36）年には文経学部と同二部の入学定員があわせて 500 人であったから、3 年間で1.5 倍になったことになる。

法学部の設置

それに続いたのが1965年の法学部設置である。先述のように、52 年、夜間に授業を行う短大部には法科が設置されていたが、60 年、短大部を文経学部二部に改組する際に廃止されていた。

しかし、大学進学者急増期を直前にした 1964 年初め、東北学院は、東北地方では東北大学以外に法学部がないことから、法学部を設置すれば多くの入学志願者を見込めると考え、法学部設置を決断したのである。同年 9 月に設置申請、翌年 1 月に設置が認可される。法学部設置により土樋キャンパスの文系 3 学部の入学定員は 790 人となった。法学部は初年度から入学定員 150 人に対して 729 人という多くの入学志願者を集め、その後も志願者を増やしていった。

土樋キャンパスの整備

文学、経済、法律の 3 学部設置により、教職員の数も大幅に増えていった。教員数は、1965 年の法学部設置の時点で約 150人であり、57 年の 74 人から 10 年足らずの間に倍増している。

キャンパス内の施設の整備も進む。文経学部の分離の際に 64

年舘（現在の 7 号館）、法学部設置の際に 66 年舘（旧 4 号館）
が建てられ、それでも教室が足りないために 67 年舘（現在の 5
号館）が建てられる。それでもなお教室は不足した。

　教室不足の一因は、入学定員を遥かに超える入学者を受け入
れていたためである。認可された定員によれば、文学、経済、
法律の 3 学部をあわせた収容定員は 3200 人であったが、60 年代
末の土樋キャンパスには、その 3 倍の学生が在学していた。入
学志願者の爆発的増加への対応として、「水増し入学」が黙認さ
れていた時代である。

◆コラム◆ 戦後の寄宿舎

東九番丁寄宿舎

　東北学院は創立以来、県外から多くの学生や生徒を受け入れていたが、そのためには寄宿舎が欠かせない施設であった。ホーイが私財を投じて建てた東北学院の最初の建物は寄宿舎（オールト記念館）であり、シュネーダーが南町大火により焼失した中学部の再建にあたって最初に着手したのも寄宿舎の建設であった。

　1949（昭和24）年、大学では新制大学の発足と同時に、旧労働会の土地を活用して東九番丁寄宿舎（「北黎寮」、収容定員117人、現在の宮城野区榴岡付近）を建設し、その後、国有地の払い下げにより、54年に多賀城寄宿舎（収容定員44人）、63年には工学部学生のために旭ヶ丘寄宿舎（収容定員50人）を建設した。さらに、65年に女子学生のための土樋寄宿舎（「しおん寮」、収容定員20人）、翌年には泉の用地取得後の最初の建物となる泉寄宿舎（収容定員50人）を建設する。

　各寄宿舎には、教職員が舎監または副舎監として夫婦で住み込み、さらに専任のまかない人も置くなど、家族的な雰囲気のなかで学生生活を送ることができるよう配慮されていた。1968年の大学紛争当時

は、寄宿舎が連合して「寮」の民主化と学生の自治権の拡大を目指して、管理する大学側との対立が激化する時期もあった。在舎期間は、途中から 2 年に短縮され、その後さらに多くの学生を受け入れるために現在の 1 年となった。なお、東九番丁、多賀城、土樋の各寄宿舎は、建物の老朽化により閉舎され、1996（平成 8）年には個室を完備した泉女子寄宿舎（収容定員 58 人）が新設されている。

　一方、中学校・高校では、遠隔地から子弟を入学させる親の増加と、ベビーブーム世代以後の児童数の漸減に対応するため、より広い地域から生徒を集める必要が強まっていた。中学校・高校に隣接した柳町の聖愛幼稚園（シュネーダー夫人が創立）が移転したのに伴い、これを改装して 1961（昭和 36）年から中学校新入生 10 人を収容して寄宿舎を設置し、中学校 2 年と 3 年は 67 年、向山に新築した寮に分宿させた。

　1973 年には、創立 85 周年を記念して柳町に東北学院同窓会館が建設され、4 階と 5 階に中学校・高校寄宿舎（収容定員 56 人）が新設されたが、2005 年に中学校・高校が小鶴へ移転したことに伴い、現在は同じ校地内に新設（収容定員 30 人）されている。

◆コラム◆ 定期戦の始まり

　戦後早々、東北学院はスポーツ面でめざましい活躍をみせる。1947(昭和 22) 年の高等専門学校全国大会で野球部と蹴球部が全国制覇を成し遂げ、「唯東北地方は関東、西に比して食糧事情緩和より來る體力の大差が勝を得しめたもの」としながらも、「黄金時代再來す」と報告する（『東北学院新聞』第 6 号）。

　その後、新制大学になると、こうした種目別の大会と並んで、運動部が力を入れたのが総合定期戦である。青山学院大学との総合定期戦は、1949 年に始められた。青山学院の第 2 代院長本多庸一と東北学院の初代院長押川方義とは、明治初期の横浜にいたころからの盟友であり、建学の精神を同じくする両校は創立以来友好関係にあった。戦前の 28 年と翌年にはすでに定期戦が行われていたが太平洋戦争開戦のために中断し、49 年両校が新制大学となったことを機に再開されたのである。

　1955 年には北海学園大学とも総合定期戦を開始する。北海学園からの申し出に対して、すでに青山学院との定期戦を行っていたため、当初は開催に消極的であった。学生の各種選手権大会との日程調整や遠征費用の確保などの問題があったからである。そのため、一時は学生総会で開催が否決される場面もあったが、けっきょく、東北学院の経営陣の仲介によって第 1 回定期戦を札幌で行うこととなった。当初は鉄道と青函連絡船を乗り継いで約 18 時間の長旅であったが、その疲れを感じさせない若い力がみなぎる戦いが繰り広げられ、定期戦はしだいに定着していった。

　その後も、青山学院とは東京と仙台、北海学園とは札幌と仙台と、開催地を換えながら、東日本大震災の年も中断することなく交流を続けている。仙台開催の年には、両校の応援団、吹奏楽団、チアリーダー、選手団が一番町商店街をパレードし、その姿は大勢の仙台市民の注目を集めている。

第7章　激動

　この章は、1966（昭和41）年から86年までの20年間を扱う。

　1966年から72年までは高度経済成長の加速期であり、私立大学の規模拡大期でもある。しかし、急速な学生増による教育環境の悪化、それを解決するための授業料値上げが火種となり、大学は紛争で荒れた。東北学院大学もその例外ではなかった。中学校・高校においても社会の大きな変化への対応が迫られた。

　1973年から78年までは、第一次石油危機を契機とした成長の負の側面の見直しという時期であり、大学についてみれば紛争後の体制立て直しの時期である。仙台は、「地方の時代」を代表する都市として成長を続け、そのなかで東北学院も質的充実をとげていった。

　1979年から85年までは、第二次石油危機とそれに続く経済低迷期であると同時に、国際化、情報化など、新しい傾向が現れた時期である。東北学院では、戦後の学院を担った月浦、小田を失うなか、創立100周年を前に、新たな発展計画が立てられた。

写真:創立100周年記念式典の外国人招待者（1986年）

1. 大学の規模拡大と大学紛争

大学の規模拡大と学生の不満

1960年代後半、日本の経済成長はさらに加速し、平均成長率は年10％を超えていく。その反面、産業公害や都市問題が深刻さを増した。さらに、国際的にはベトナム戦争が泥沼化する。これらを背景に、若者の間では、国家や社会への異議申し立ての動きが、国境を越えて広く共感を得ていた。反戦的メッセージをのせて海外から発信されたフォークソングやロックは、日本の若者にも大きな影響を与えた。2016（平成28）年ノーベル文学賞を受賞したボブ・ディランは、この時期の反戦フォークソングの旗手である。

1960年代、私立大学は、急増する大学進学者に対応するため、学部増、定員増などの規模拡大を図り、しかも定員より多く入学させた。東北学院大学も同様であり、その結果、学生は急増

1960〜70年の大学授業料の推移

「大学学部別授業料推移」をもとに東北学院史資料センターが作成。文学部の授業料は1951年から記録されているが、工学部と二部のそれは61年まで記録されていない

した。60 年代初めには 3000 人程度であった学生数は、1966（昭和 41）年には 5000 人に増え、70 年には 1 万人を超える。

しかし、多くの私立大学は、施設、設備、人的スタッフなど、多くの面で学生の急増に対応する準備をしておらず、学生には不満が広がっていった。私立大学では、それを解決するには学費を値上げするしかなく、それが大学紛争の引き金となった。

学生運動と大学紛争

しかし、1960 年代後半の大学紛争は、学生の不満の自然発生的な爆発ではなく、政治的な学生運動と深く結びついていた。当時の学生運動は左翼勢力、なかでも「新左翼」とよばれた勢力が強い影響力をもっていた。彼らは、いくつかの集団に分かれていたが、60 年代後半には全共闘というかたちで統一戦線を組み、日本共産党系の勢力と厳しく対立した。彼らは、ヘルメットと角材（「ゲバ棒」とよばれた）に身を固め、暴力と実力行使による現体制の全否定を目指していた。

東北学院大学を含む多くの大学では、こうした学生運動の活動家が学生に一定の影響を与えるとともに、紛争時にはみずから過激な行動に走った。また、彼らは、大学の枠を超えてつながりをもっていたため、ある大学の紛争に他大学の学生が強く関与することもあり、紛争が勢力争いに利用されることもあった。

東北学院大学の紛争

東北学院大学では、1968 年 1 月から 72 年 3 月までのほぼ 4 年間、紛争が断続的に発生した。まず、68 年 1 月には学費値上げ

一部学生の学内占拠により試験が
中止となったことを告げる立看板

反対運動が起こる。値上げについての公聴会が開催されたものの混乱し、2月10日には反対運動に参加した学生によって本館や67年館がバリケード封鎖された。その結果、予定していた定期試験が実施できず、レポート提出に切り替えられた。同月末には全学討論会が3日間にわたって開かれ、学生から厳しい大学批判が出されたが、学費値上げそのものは、3月に正教授会が承認し、学生の代表機関である学生会常任委員会も受け入れた。

1969（昭和44）年6〜7月には、大学運営に関する臨時措置法（いわゆる大学立法）反対運動が起こる。この法律は、大学紛争への対応として、国公私立を問わず、紛争を解決できない大学に対する文部省の管理権限を強化しようとする法律であった。

東北学院大学でも6月末から、法律制定に反対する一部学生が連日のように集会を開き、それを止めさせようとする教職員との間で衝突を繰り返していたが、その後、一部学生は学監（現

第 7 章　激動

> ### ミニトピック
> ## 「基督教学科」
>
> 　東北学院神学部が、1937（昭和12）年に日本神学校と合同して約50年の歴史を閉じてのち、新たな伝道者養成機関として「基督教学科」が東北学院大学文学部に設置されるのは64年のことである。設置に際して、学長小田は「学園の膨張に伴い、恐れられるのは世俗化の傾向」であるとして、基督教学科設置の真意を「こうした学園の世俗化防止への柱となるため」であると述べている。
>
> 　基督教学科（2001年に「キリスト教学科」と改称）所属の教員には、建学の精神の基盤を確固たるものとするための神学研究のほか、全学必修のキリスト教学の講義と毎日行われる大学礼拝を担当することが求められた。
>
> 　学生募集は、設置当初から入学定員10人を確保することが難しく、定員を充足できない年も多くあった。そのため、2011（平成23）年には、伝道者養成に特化しない「総合人文学科」に改組された。伝道者養成は新たな学科の取り組みの一つとして位置づけられたが、総合人文学科は、その後も伝道者を輩出し続けている。

在の副学長）の軟禁や学生部長の拉致と糾弾、さらには武装をして、押川会館（現在の 8 号館付近にあった建物）を完全に占拠するという行動に出た。大学は夏休み開始を繰り上げ、学生の学内立ち入りを禁止したのち宮城県警に機動隊の出動を要請し、7 月 7 日に機動隊が突入して占拠を解除させた。

　1971（昭和 46）年 10 月、大学側が 68 年以来 4 年ぶりの学費値上げ案を提示したことにより、再び紛争が発生した。このときは、学生会常任委員長選挙をめぐる学生運動各派の対立もあり、事態を複雑にした。72 年 1 月末、選挙結果を受け入れない学生がアッセンブリーホール（現在の体育館の場所にあった建

物）を占拠し、その後、土樋キャンパス全体をも占拠した。東北学院大学は、再び機動隊の出動を要請し、占拠した学生を排除した。1968（昭和43）年同様、定期試験は実施されず、レポート提出に切り替えられた。こうした混乱が収まるのは、もうしばらく先のこととなる。

2. 中学校・高校と榴ケ岡校舎の変化

内部進学者の増加

1960年代、東北学院大学が学部を増やしていくにつれて、東北学院高校卒業生の進路にも大きな変化が生まれた。1950年代までは、国立大学を中心とした他大学進学者が半数近くを占めていたのに対し、60年代には東北学院大学への内部進学者が大きく増え、法学部設置の65年以降においては、卒業生の約8割が東北学院大学に進学するようになる。その一方で、榴ケ岡校舎は国立大学への進学志向がやや強く、内部進学の割合は5〜6割程度であった。

内部進学者は、東北学院大学の規模拡大期に数的だけでなく質的にも大学を支えた。彼らは、グループ活動の中心的役割を担い、英語の授業では、たたき込まれた「学院の英語」の成果を発揮した。

一貫教育体制の修正

東北学院大学への内部進学者の増加は、国立大学進学を期待

する生徒の保護者にとっては、中学校から東北学院に入学させる意味を減じさせた。じっさい、1960 年代半ばから、中学校志願者は大きく減る。その結果、中学校・高校は、6 年間の一貫教育を目指した中学校からの入学者（入学定員 300 人）だけを募集するというあり方を変えざるをえなくなる。

　中学校・高校は、中学校志願者が減るなか、1969（昭和 44）年、補欠というかたちで高校からの入学者募集を初めて行った。そして、翌年からはそれが正式な入学者募集（入学定員 100 人）となる。その後、高校志願者が増加したため、高校の入学定員を増加し、72 年からは中学校の入学定員は 180 人、高校のそれも 180 人となった。

榴ケ岡校舎の独立

　1972 年、榴ケ岡校舎は、泉市（のちの仙台市泉区）天神沢に移転し、東北学院榴ケ岡高等学校として独立した。東北学院は、65 年に 34 万 6000 ㎡の土地を購入しており、榴ケ岡高校はその一角に移転したのである。この泉の校地に新しく校舎が建てられ、榴ケ岡校舎時代には想像もできなかった教育環境が整えられた。

　「榴ケ岡」という校名は、学校の由来を忘れないために、あえて変えなかったが、新しい高校をつくろうとする意欲は強かった。また、独立を機に男女共学とすべきとの意見も強く、このときは実現しなかったが、将来構想としては残った。また、榴ケ岡高校は、周辺の私立高校のなかで初めて制服を廃止するという新しい試みを実施し、自由な校風のシンボルとなった。

榴ケ岡高校校舎

月浦の死

　榴ケ岡高校が独立した翌年の 1973（昭和 48）年、月浦利雄が死去した。戦後の新制中学校・高校校長としてその精神と制度をつくり、榴ケ岡校舎発足から榴ケ岡高校の基礎を一からつくったのは月浦である。58 年の生徒会結成問題や 71 年の頭髪自由化問題などでは、強い信念により生徒と厳しく衝突することもあったが、月浦はキリスト者として、教育者として、そして一人の教師として、接する者すべてを魅了し、圧倒的な影響を与えた人物であった。月浦の葬儀は、ラーハウザー記念礼拝堂で東北学院葬として執り行われたが、その死は、戦後の東北学院が一つのシンボルを失ったことを意味していた。

3. 紛争からの立て直し

第一次石油危機後の仙台

1973（昭和 48）年秋の第一次石油危機とその後のスタグフレーションによって日本の高度経済成長は終わりを告げた。福祉、環境といった成長のなかで見過ごされていた問題に目が向けられた。とはいえ、70 年代後半には、それまでの大量生産から高付加価値型の生産方法へと経済活動が変化し、それによる景気回復で世界に対して日本の経済力の強さを印象づけた。そうした日本を、世界は「ジャパン・アズ・ナンバーワン」ともち上げた。

また、この時期、大都市集中への見直しがなされ「地方の時代」というスローガンのもとに地方への公共投資が強化された。仙台もその恩恵を受け、仙台市およびその周辺では、1960 年代ほどではないにせよ、人口増加率、経済成長率は依然として高水準を示していた。

紛争後の立て直し

1973 年以降、東北学院大学は表面上、平穏を取り戻した。しかし、大学側は常に紛争の再発を強く警戒し、学生と対話することに努めた。とくに、その後の学費値上げの際には、学生、教職員への説明を丁寧に行うことが慣習化された。また、大学側は学生会常任委員会と定期的な協議の場を設け、学生からの要望にも迅速に対応した。

さらに、大学の施設や設備面での改善も進み、キャンパス整備が進められた。土樋キャンパスでは、1978 年に創立 90 周年を

記念した 90 周年記念館、翌年には 78 年舘（現在の 1 号館）と
部室棟が建設された。ともに、学生の福利厚生や課外活動のた
めの建物である。また、1978（昭和 53 年）年には、ラーハウザー
記念礼拝堂にドイツ製の新しいパイプオルガンが設置されてい
る。

学生数と財政の安定

　1970 年代後半には、東北学院大学の入学志願者も順調に増え
ていった。1973 年には約 8000 人だった志願者数は、78 年には 1
万 2000 人に達した。この志願者数の増加を踏まえて、76 年には、
各学部とも大幅な定員増が認められた。これにより、文学、経済、
法律、工学の 4 学部それぞれの入学定員は、1260 人から 2300 人
へと倍増した。もっとも、これにより在籍する学生が増えたわ
けではない。入学定員を増やすことで、定員超過率を下げたの
である。

　財政面の安定化も進んだ。そこには、学生納付金、受験料、
寄付金収入が堅調だったことに加えて、国からの補助金が増額
されたことが大きい。国は、1969 年の大学立法の制定とともに
私立大学に財政支援を始めた。それにより、私立大学は、70 年
から経常費の一部について国の補助を受けるようになる。さら
に、75 年にはそれを制度化する私学振興助成法が成立し、補助
額は 70 年代を通じて年々増えていった。東北学院大学への補助
額は、70 年度には経常費補助 7500 万円を含めた補助金収入の総
額が 1 億 3000 万円であったが、79 年度にはそれが 13 億円を超え、
帰属収入全体の 19％を占めるに至った。

国際交流の開始

　この時期には、国際交流という東北学院らしい教育プログラムも始まっている。1973（昭和 48）年には、それ以前から交流のあったアメリカのペンシルヴェニアにあるアーサイナス大学に、学生を初めて短期留学生として派遣した。学生たちは、その年の 4 月から毎週オリエンテーションを兼ねた特別講義「アメリカ研究講座」と英会話の講義を受け、十分な準備を整えてから現地に出発するのであった。こうした留学プログラムは、当時としては先進的な取り組みであり、今日まで継承されている。

中学校・高校と榴ケ岡高校の入学状況

　中学校・高校では 1970 年以降、高校からの入学者募集の導入によって生徒数は安定していった。中学校志願者は入学定員 180 人を満たすには十分であり、高校も入学志願者が増えていった。78 年には高校の入学定員を 180 人から 300 人に増やし、これにより、中学校・高校は高校からの入学者のほうが多くなる。

　他方、独立後の榴ケ岡高校は厳しい現実と直面することになった。泉の校地周辺はまだ住宅開発が十分には進んでおらず、入試はこれまでどおり公立高校合格発表後の 3 月末に行われていたため、入学志願者は榴ケ岡校舎のときより減少し、1970 年代半ばには廃校の危機に直面するのである。しかし、78 年、入試日を 3 月末から 2 月初旬へと他の私立高校と同じ時期に移したことで状況は改善していった。その後、周辺の開発にともない人口が大きく増えていたことともあいまって、榴ケ岡高校の入学志願者はしだいに増加に転じた。

| ミニ
トピック | 運動部の活躍 |

　新制大学が発足した翌年の1950（昭和25）年、東北地区の大学や短大の運動部による東北地区大学総合体育大会が始まった。東北学院大学は、56年の第7回大会から72年の第23回大会までの16年間のうち、総合優勝校がなかった数回を挟んで男子総合優勝を続けた。第24回では福島大学にその座を奪われるが、74年の第25回大会から90（平成2）年の第42回大会までさらに18年連続で、東北学院大学は男子総合優勝という成績を収める。「スポーツの学院」として名声をとどろかせた時期である。

　その間、全国優勝を遂げた部も多い。1950年代には準硬式野球、60年代には弓道、70年代には少林寺拳法、自転車競技、80年代にはフェンシングが団体で優勝を獲得している。自転車競技部は、82年から2年間、オリンピック強化指定拠点校の指定を受けていた。

　また、世界を舞台に活躍した選手も輩出している。川守田幸子（1971年経済学部卒）は71年の卓球世界選手権で女子ダブルス3位、森俊博（73年経済学部卒）は80年に世界空手道選手権組手の部で優勝した。また、佐々木信男（78年経済学部卒）はハンドボール日本代表としてロサンゼルス五輪に、松戸思奈（経済学部）は在学中に、水泳日本代表としてバルセロナ五輪に出場している。

アーサイナス大学夏期留学生（1982年）

4. 新しい時代と新しい構想

国際交流の進展

　1979（昭和54）年の第二次石油危機ののちは、経済停滞が長引いた。しかし、多くの日本人は、すでに一定の豊かさを実感し、中流意識をもつようになっていた。そうしたなか、社会全体に国際化への関心が高まったことを背景に、国際交流が盛んに行われるようになった。東北学院大学についていえば、国際交流への関心が最も高かったのは、この時期であった。73年に始まったアーサイナス大学への短期留学参加希望者数は、80年代にはほとんどの年で募集定員の40人を遙かに超え、留学する学生は厳しい選抜によって選ばれた。アーサイナス大学からの短期留学生受け入れプログラム「日本研究講座」も82年から始まり、

翌年からはフランクリン・アンド・マーシャル大学の学生も加わった。両大学との間には国際教育交流協定が締結され、学生の短期留学だけでなく、教員の交換派遣も行われた。

　国際交流は高校でも行われるようになる。榴ケ岡高校では1981（昭和56）年から、中学校・高校では84年から、アメリカへの海外研修を実施している。

二部（夜間部）の変化

　一方で、豊かさの浸透は、高校と大学の二部志願者の減少となって表れていった。高校の二部は、すでに1960年代から入学志願者が減り始め、70年代後半には入学定員50人に対して10人前後の入学者しかいなかった。そのころから二部の廃止が検討されていたが、最終的に廃止されたのは83年である。

　大学の二部も質的に大きく変化していった。1950～60年代、二部はおもに社会人の学生が通うところであった。しかし、70年代には昼間学部に合格できなかった人びとの割合が増す。彼らの意図は、3年進級前に実施される転学部転学科試験によって昼間学部に移り、卒業することであった。その数は70年代後半から増え、80年代初めには、二部学生の6割以上が転学部転学科試験を受け、毎年100人以上の学生が昼間学部に移った。そのため、83年には有職者特別入試を導入し、有職者の入学に優遇措置を講じた。

キャンパスの整備

　多賀城キャンパスは、1970年代に多賀城市の都市計画によっ

整備された大学多賀城キャンパス

て、キャンパス内を分断する道路建設がもち上がり、整備が遅れていた。しかし、その用地提供に代わって、キャンパス西北側にある国有地の払い下げが 1979（昭和 54）年に認められる。そして、その敷地に 81 年には体育館、82 年には図書館、83 年には礼拝堂が建ち、キャンパス整備が進んだ。

　それに伴い、1985 年には幼稚園も工学部西側の現在地に移され、園舎も新築された。幼稚園は、周辺の人口増加のなか、70 年代には安定して入園者を確保していたが、80 年代に入ると入園者を減らしていた。その対応策として 84 年からは 3 歳児保育を導入していたが、園舎や設備の老朽化は深刻であった。この移転により、幼稚園は新しいスタートを切る。

　土樋キャンパスでは、1981 年に 81 年館（現在の 6 号館）、84 年には新しいシュネーダー記念図書館が完成する。旧図書館は大学院棟として改装された。これにより土樋キャンパスの整備

は一段落がつくことになる。

かわって泉市にある校地の整備が始まった。この校地には1980（昭和55）年に総合運動場が完成するなど、70年代から整備は始められていたが、創立100周年記念事業として大学教養部を移転することが85年に公表されてからは、88年の供用開始に向けた大規模なキャンパス建設工事が本格化したのである。

中学校・高校と榴ケ岡高校の志願者増

1980年代前半、中学校・高校では、中学校、高校とも入学志願者が増える。中学校志願者が増えた理由は、大学入試がますます難しくなるなか、大学までの「エスカレーター進学」が評価されたためであり、高校志願者が増えたのは、それに加えて国公立大学への進学実績が評価されたためである。その反面、このころからは、大学への内部進学者をどのように位置づけ、どのように指導するかという課題が出てくる。榴ケ岡高校も、周辺地域の人口増を背景に、この時期、入学志願者数が順調に増え、83年には入学定員を135人から180人に増やしている。

創立100周年と小田の死

1986年には東北学院創立100周年記念式典をはじめとして、多くの記念行事が行われた。しかし、創立100周年記念の最も重要な事業は、大学教養部の泉キャンパスへの移転と『東北学院百年史』の刊行であった。前者は88年、後者は89年に完了する。

これらの事業の骨格を決めたのは、当時理事長と院長と学長の

3職を兼ねていた小田忠夫である。しかし、その小田は、1982（昭和 57）年 3 月、膵臓の病気により死去する。人並み外れた強い精神力と指導力で戦後の東北学院をつくり上げた指導者の死であった。ラーハウザー記念礼拝堂で行われた東北学院葬には2000 人を超える参会者があり、その死を悼み、その業績の偉大さを再認識させられた。

❖コラム❖ 2つのセミナーハウス

　かつて東北学院大学には、宮城県内2カ所にセミナーハウスがあった。柴田郡川崎町の青根セミナーハウスと宮城郡七ヶ浜町の高山セミナーハウスである。

　青根セミナーハウスは1966(昭和41)年12月に完成した。もっとも、これは新館で、60年には、仙台市内米ケ袋にあった旧宣教師館を自然科学研究室青根分室として青根に移築しており、すでに宿泊施設として利用していたのでこれを旧館とした。場所は、青根温泉街にほど近く、新館は鉄筋コンクリート2階建て、10室で収容定員は64人、旧館3室を含めれば86人であった。新館の部屋は山小屋風で、木製2段ベッドが置かれていた。

　高山セミナーハウスは、1972年7月、市内錦町にあった旧宣教師住宅を譲り受け、七ヶ浜町花渕浜に移築したものである。菖蒲田海岸を見下ろす高台にあり、2階建ての白い木造洋館で、宣教師住宅の名残をとどめていた。部屋は4部屋で、収容定員は30人であった。

　1972年の『東北学院時報』第278号によると、利用状況は良好で、青根は前期だけで4308人、高山は利用開始後3カ月で630人が利用している。内訳は、両施設とも課外活動が最も多く、次にゼミ関係、3番目は青根では学外団体、高山では工学部関係となっている。

　セミナーハウスの最大の魅力は料金であった。1990年代においても一人1泊3食付きで980円で利用できた。ちなみに、青根の開館当時の料金は1泊3食付きで500円、ただし白米を持参であった。また、青根では石川夫妻、高山では佐藤夫妻による、管理人としての役割を超えたきめ細かい心づかいも大きな魅力であった。

　しかし、利用者が減り、施設の老朽化、管理人の定年の問題も加わって、高山は1998(平成10)年、青根は99年に利用休止となった。その後、青根の旧館は近くに移築され、青根洋館として再生、その2階は古賀政男記念館となっている。高山の施設があった土地は、2013年、その周辺地とともに東日本大震災の復興住宅用地として、七ヶ浜町に譲渡された。

第 8 章　改革

　この章は、1987(昭和62)年から2016(平成28)年までの30年間を扱う。受験者人口と経済状況が大きく変化し、各学校は対応に追われるなか東日本大震災が発生した30年である。

　1987年から93年までは、バブル景気の成立と崩壊期であり、18歳人口の増加と進学率の上昇により大学志願者は急増した。東北学院大学は、泉キャンパスの供用開始、教養学部の新設など順調な発展を遂げる。

　1994年から2003年までは、バブル景気崩壊後の経済的低迷期である。学生の就職難が深刻化するなか、進学率の伸び悩み、18歳人口の急激な減少により志願者は急減する。大学は、入試改革などで対応、榴ケ岡高校は男女共学化によって志願者を増やした。

　2004年以降、経済状況は一時ややもち直すが、リーマンショックで再び落ち込んだ。そうしたなか、中学校・高校は小鶴に移転し、大学は、認証評価の義務化によって、さまざまな改革を迫られる。11年に発生した震災は東北学院に大きな被害をもたらすが、それを契機として将来構想が動き出す。

写真:中学校・高校校舎(2005年完成)

1. バブル景気と志願者の急増

バブル景気と大学志願者

1987（昭和 62）年から 90（平成 2）年までは、全国的にいわゆるバブル景気に沸いていた時期である。人びとは、実体経済とかけ離れた投機による好景気を背景に、旺盛な消費行動に走った。また、仙台は、周辺市町との合併、地下鉄の開業などの都市基盤整備を進め、89 年には政令指定都市となり、都市としての発展を続けた。

この時期、全国の大学で入学志願者が急増した。東北学院大学では、1986 年に 1 万 2578 人だった入学志願者数は、ピーク時の 93 年には 2 万 5441 人と倍増している。とくに女子志願者の増加は著しく、86 年から 93 年の 7 年間で 3.5 倍となり、志願者全体に占める割合は 17％から 28％に増える。女子の進学先が短期大学から 4 年制大学へと変わり、東北学院大学はその受け皿となったのである。また、東北以外からの入学志願者数も大幅に増え、86 年には 1151 人だったものが 93 年には 4303 人となり、入学志願者数全体の 17％を占めるにいたる。

志願者の急増は、基本的には、戦後ベビーブーム世代（いわゆる「団塊の世代」）の子どもたちの世代が 18 歳を迎えていたことと大学進学率の上昇によるものである。18 歳人口は、1986 年の約 185 万人から 92 年には 205 万人に増えている。また、この間、大学進学率が 7％高まり、好景気を背景に、遠隔地の大学受験者も増えていった。

1986〜93年の18歳人口と大学等進学率
文部科学省「学校基本調査」年次統計をもとに東北学院史資料センターが作成

入試の難化と定員増

入学志願者の急増により大学入試はさらに厳しさを増した。東北学院大学では、一般入試の実質倍率（受験者数／合格者数）が、1986（昭和61）年には約3.0倍だったものが、93（平成5）年には約5.0倍となる。合格が難しくなったため受験生が大学併願を増やしたことも、延べ入学志願者数の増加に拍車をかけた。

国は、こうした事態に対応するため、1990年、大学の臨時的入学定員増を認める。東北学院大学では、翌年から、経済学部と法学部併せて入学定員を150人増やした。これにより、大学全体の入学定員は2650人となる。この定員増は2004年まで続くことになった。

また、この時期でも、ほとんどの私立大学は、入学定員より多い入学者を受け入れていた。東北学院大学では入学定員の1.3〜1.4倍を受け入れることが常態化していた。1990年代前半の入学者数は毎年3400人前後で、学生数は1万4000人を超えていた。

整備されたばかりの大学泉キャンパス

泉キャンパスと教養学部の新設

　こうした入学志願者急増期の1988（昭和63）年4月には泉キャンパスが完成し、文学部一部、経済学部一部、法学部の各学部1、2年は泉キャンパスに移転した。広い校地に最新の設備を備えた建物が並ぶキャンパスは、狭く、古めかしい土樋キャンパスに代わって東北学院大学の新しい"顔"となる。しかし、交通アクセスの悪さは課題として残った。

　1989（平成元）年4月には、その泉キャンパスに教養部（1、2年の教養、外国語、保健体育を担当する組織）の教員を中心に教養学部（入学定員200人）が設置される。学科は教養学科のみで、人間科学、言語科学（のちに「言語文化」と改称）、情報科学の3専攻を置いた。教養学部は、初年度から入学定員の10倍近い志願者を集め、その後、大学で最も人気のある学部となった。

第8章　改革

| ミニ
トピック | キャンパスの都心回帰 |

　泉キャンパスへの大学教養部移転は、東北学院創立100周年記念事業として進められ、1988（昭和63）年4月に実施された。大学キャンパスの郊外移転は国策でもあった。70年代以降、大都市の都心人口のさらなる増加を抑制するために、大学の郊外移転が推進されていたのである。中央大学の八王子移転（78年）はその代表例であるが、大都市圏だけでなく地方都市でも大学の郊外移転が積極的に進められた。

　しかし、近年、私立大学のキャンパスは再び〈都心回帰〉が進んでいる。人口減少社会のなかで都心を再活性化する諸政策と軌を一にする動きである。東北学院大学もすでに土樋と五橋の〈都市型キャンパス〉建設に舵を切っている。泉キャンパス30年の時代を経て、今、再び新たな時代が始まろうとしている。

大学設置基準の「大綱化」

　1991（平成 3）年、文部省の大学設置基準が改正される。「大綱化」と呼ばれるこの改正は、大学の設置基準、教育内容や方法について規制を大幅に緩和するもので、当時実施されていた多くの規制緩和政策の一つである。設置基準の緩和により、1990 年代、大学の数は大きく増え、学部学科の新増設も盛んに行われた。仙台周辺では宮城大学（97 年）、隣県では岩手県立大学（98 年）が新設され、大学間の競争が激しくなった。

　大綱化によって、教育内容や方法に関しても大学の自由裁量の幅が広がった。これ以降、各大学は、カリキュラムの内容でも競争するようになる。東北学院大学では、全学的な激しい議論ののち、1993 年に工学部が、翌年には他の 4 学部が新しいカリキュラムを導入した。

145

中学校・高校と榴ケ岡高校そして幼稚園

　1980年代半ばから90年代初めには、進学者が急増することへの対応として、高校でも臨時的入学定員増が認められた。ピーク時の1989〜90年には東北学院高校では432人（86年までは300人）、榴ケ岡高校では288人（86年までは180人）が入学定員となった。中学校の入学定員は増やさなかった。

　入学志願者が大きく増えたのは中学校と榴ケ岡高校であった。中学校では1983（昭和58）年277人だった志願者がピークの91（平成3）年には502人に、榴ケ岡高校では83年1237人だったが92年には2611人に急増した。大学入試が難化するなか、東北学院大学への「エスカレーター進学」が魅力となったためである。他方、「エスカレーター進学」に魅力を感じない志願者が多い東北学院高校では、入学志願者は増えなかった。そのため、高校では、入学定員の増加によって入学者確保がかえって難しくなるという結果を招いた。

　幼稚園では、この時期すでに少子化の影響が現れ、園児募集が厳しさを増していた。より広い範囲からの通園に対応するため、1987年からスクールバス運行を始める。それにより、入園者数は一時的に回復する。

2. 経済停滞と志願者の減少

長引く経済停滞

　バブル景気崩壊後の景気後退以降、経済指標上は景気回復期

があったが、ほとんどの国民の実感では、2003（平成15）年ごろまでの10年間は不景気が続いた。学生の就職率が急激に下がりいわゆる「就職氷河期」となる。東北学院大学の就職率（就職者数／卒業者数）をみると、ピーク時の1991年には84%あったがその後下がり続け、2003年には55%となる。また、家計の悪化により、奨学金を利用する学生も増え、東北学院大学では、奨学金の給付を受ける学生の割合が、94年の19%から、2004年には33%に増えている。

　こうした状況で、高校生の進路決定では、学費や生活費の安さ、就職率の高さ、あるいは就職につながる資格を取得できるかが重視されるようになる。

志願者の急減

　1993年以降、18歳人口は急激な減少に転じていくことになる。ピーク時の92年に205万人であった18歳人口は、2003年には146万人となる。入学志願者急増前の86（昭和61）年と比べても40万人少ない数字である。人口減を補うはずであった大学進学率は、経済の悪化により、予想ほど伸びなかった。進学率は高まったが、就職率の高さを強調した専門学校進学者が多く、東北地方ではその傾向が顕著であった。

　その結果、1993年に2万5000人台でピークを迎えた東北学院大学の入学志願者数は、その翌年から減少の一途をたどり、2000年には86年と同じ水準の1万2000人台となった。志願者はその後も減り続け、翌年以降は1万1000人台となる。

147

泉キャンパスでのオープンキャンパス(2003年)

入試改革と二部の廃止

　志願者減への対応として、大学ではまず入試改革が行われた。1996(平成8)年に設置された入試センター(のちの入試部)は、後期日程の導入、秋田、盛岡、郡山への試験場新設など、一般入試受験者の利便性を高める措置を講じた。

　さらに、新しい受験者層を獲得するため、2000年には、面接を重視する新しいタイプの入試、アドミッションズ・オフィス(AO)入試を導入した。また、1998年には、初めてのオープンキャンパスが実施されている。その後、オープンキャンパスは、入試広報の重要な手段となっていく。

　学部改編としては、二部の廃止がある。入学志願者急減で最も大きな影響を受けたのは二部であり、1990年代後半には受験者のほぼ全員を合格させる状態であった。そこで、大学は、2000年に二部を廃止し、文学部、経済学部に夜間主コースを導

入したが、効果は限定的であった。

中学校・高校の志願者減と榴ケ岡高校の共学化

中学校・高校でも、1990 年代初め以降、入学志願者は減少に転じていった。東北学院中学校の入学志願者数はピークの91（平成 3）年の 502 人が、2003 年には 204 人にまで減り、東北学院高校も 91 年 1737 人が 2000 年には 1243 人となる。高校の場合、80 年代後半の 15 歳人口増加期に入学志願者を増やせなかったため、事態はいっそう深刻であった。

榴ケ岡高校は、入学志願者減に対応するため、1995 年、独立時からの構想であった男女共学化に踏み切る。導入初年の入学志願者数は 151 人とやや少なかったが、翌年度からは順調に増加し、2000 年には 590 人、ピークの 2003 年には 950 人に達した。これ以降、榴ケ岡高校は、女子が 3 割前後を占めるようになり、男子校にはない新しい校風がつくられていく。共学化は榴ケ岡高校の入学志願者全体も増やし、導入年に 2381 人であった入学志願者数は、2004 年には 2925 人となる。

3. 大学教育の改革

リーマンショックと学生の困窮

2003 年からの数年間、日本経済はややもち直すが、2008 年秋のリーマンショック後の世界同時不況によって景気は再び大きく落ち込む。そこに追い打ちをかけたのが 11 年の東日本大震災

149

である。

　学生の経済状態も悪化が続き、奨学金に依存する学生がさらに増えた。東北学院大学では 2004（平成 16）年に 33%だった受給率が、10 年に 48%、14 年には 51%に増える。この数字は、私立大学の全国平均より 10 ポイントも高い。その一方で、経済的理由による退学者も多くみられるようになる。

センター利用入試と学部学科の改編

　東北学院大学の入学志願者数は 2004 年に 1 万人台にまで落ち込んだが、その後は 1 万 1000 ～ 1 万 2000 人、2011 年の震災の発生後は 1 万人台で推移している。この間 18 歳人口が 30 万人以上減っていることを考えれば、減り方は大きくない。入試対策としては、2006 年に導入した大学入試センター試験利用入試の効果が大きい。一般入試よりも受験が簡便なこの入試による志願者は、年とともに増えていった。

　学部学科の改編も行われた。入試の倍率が高い教養学部は、2005 年、3 専攻をそれぞれ学科とし、さらに地域構想学科を新設、入学定員を 400 人と倍増した。2006 年には工学部が物理情報工学科（2002 年に応用物理学科から改称）を電子工学科に改組した。その後、2009 年には経済学部に共生社会経済学科を新設し、経営学科は経営学部として独立した。さらに、11 年には文学部のキリスト教学科を廃止し、総合人文学科を新設した。また、これより先、2004 年に法科大学院（法務研究科）を設置したが、これも法学部の入学志願者増を期待してのことであった。

認証評価と大学改革

　この時期、全国の大学は、外から改革を迫られるようになる。その転機は、2004（平成 16）年、国公私立を問わず"認証評価"が法的義務となったことである。大学は大学基準協会などの認証団体から定期的に認証評価という外部評価を受けることになった。認証評価で"適合"と認定されるためには、協会が求める改革を実行する必要がある。東北学院大学は、そうした改革をまに合わせ、2010 年、最初の認証評価で適合判定を得ている。

　認証評価において大学に求められたのは、おもに教育機関としての大学の組織化と規律化であった。大学には、教育機関として理念や目標をもち、それを組織的に実現すること、教員には、授業を授業計画に基づき半期 15 回必ず行うこと、成績評価はシラ

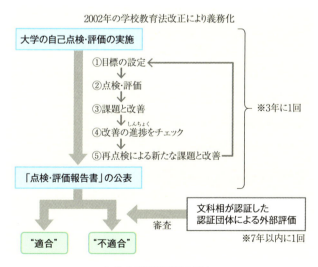

大学の認証評価の流れ

バスに記載した方法や基準をもとに厳格に行うこと、学生による
授業評価アンケートを必ず実施し結果を公表し活用すること、
ファカルティ・ディベロップメント（FD）とよばれる授業改善
や資質向上の取り組みに参加することなどが求められた。

　これらの改革は、組織的統一性よりも教員の自主や自律、裁量
を重視してきた伝統的な大学のあり方を大きく変えることになる。

中学校・高校の小鶴移転

　2005（平成 17）年、東北学院中学校・高校は、東二番丁から
宮城野区小鶴に移転した。東二番丁の校地が学校設置基準から
みて狭隘であることへの対応であり、10 年越しの計画の実現で
あった。国道 4 号線仙台バイパス近くの田園地帯 10 万㎡の校地
に、延床面積 3 万 5600 ㎡の施設が建てられた。この移転によっ
て、中学校・高校はまったく新しい教育環境を得た。礼拝堂、
教室、体育施設、どれをとっても高校としては全国に誇るべき
レベルのものであった。中学校・高校は、こうした環境を生かし、
「文武両道」を理想とする学校として新たなスタートを切るこ
とになる。

　東二番丁の校地は、当初の予定を大きく超えた移転費用をま
かなうために売却を余儀なくされた。1905（明治 38）年、中学校・
高校の前身、東北学院普通科が移って以来、東北学院と深く結
びついてきた「東二番丁」から東北学院はついに離れることに
なったのである。

榴ケ岡高校と幼稚園

榴ケ岡高校は、自由な校風をもった男女共学の私立高校として、地域に根ざしている。同じキャンパスにある大学教養学部との教育連携も活発化した。その結果、大学への内部進学者が増え、その数は、2010（平成 22）年までに東北学院高校よりも多くなっている。

この時期の幼稚園は、少子化の影響がさらに深刻になり、園児の定員確保が困難な状態が続いた。それを補うため、2003 年からは「預かり保育」、2007 年からは満 3 歳児保育を導入し、保育需要を掘り起こしたほか、経費節減のための改革も行われた。

4. 東日本大震災と将来構想

甚大な被害

2011 年 3 月 11 日、東日本大震災が発生した。この震災は、東北学院にも大きな被害をもたらした。高校生 2 人、大学生 5 人、入学予定者 4 人の計 11 人が犠牲となった。東北学院全体の物的被害額は 13 億円に及んだ。名取市閖上のシーサイドハウスが全壊し、大学の泉キャンパスでは体育館、土樋キャンパスでは礼拝堂、多賀城キャンパスでは工学基礎教育センターの被害が大きかった。

学生、生徒、園児が受けた被害も甚大である。経済支援を申し出た被災者数は、大学 1893 人、中学校・高校 370 人、榴ケ岡高校 170 人、幼稚園 29 人である。大学では、自宅が全壊あるい

津波被害を受けたシーサイドハウス（ボート部漕艇庫）

は大規模半壊の被害を受けた学生が840人、東京電力福島第一原子力発電所の事故で避難した学生は80人に及んだ。

混乱から復旧へ

　発災直後、東北学院大学の各キャンパスには多くの地域住民が避難していた。とくに多賀城キャンパスには、津波による被災者を含め、近隣から多くの被災者が避難した。大学は、礼拝堂を避難所として開放し、3月26日に閉所されるまで、避難者（当初約400人）への対応にあたった。

　3月末からは学校再開に向けた動きが本格化した。その結果、大学では4月25日から各種事務手続きや新入生オリエンテーションを行い、大型連休明けの5月9日から授業を開始することができた。大学の入学式は中止された。中学校・高校は4月28日、榴ケ岡高校は4月16日に入学式を、幼稚園は4月25日

に入園式を行い、それぞれ新学期が始まった。

被災地の学校として

先述のように、震災は東北学院に甚大な被害をもたらしたが、他方で、東北学院の各学校、各教職員が、建学の精神を強く意識し、それを実践する契機となった。それぞれが復興支援に積極的に関わり、被災地情報を発信する役割を自覚的に担った。また、東北学院全体として、自らの震災の記録を『東日本大震災と東北学院』やアーカイブズとしてまとめ、今後の防災への教訓とした。

とくに大学では、震災後に設置された災害ボランティア・ステーションがさまざまな被災地支援活動に関わるほか、大学間のネットワーク「大学間連携災害ボランティアネットワーク」の設立を進め、その中心となった。また、大学は震災や復興に関する多くの講演会、シンポジウム、公開講座などを開くとともに、学術誌『震災学』を発行し、市民に多くの問題を提起し続けている。

これらの活動により、東北学院と地域社会とのつながりが再確認され、震災後、自治体や地域の諸団体との間に多くの連携協定が結ばれた。

東北学院の将来構想

2016（平成 28）年 5 月、東北学院は、創立 150 周年にあたる2036 年を見据え、長期計画「TG Grand Vision 150」を策定した。この計画では、震災を契機に再認識された建学の精神をもとに、

新しい「TGブランド」を構築することを目指している。

　大学では、キャンパス整備が重要課題となっている。2017（平成29）年3月、仙台市立病院の跡地（仙台市若林区清水小路）を購入できたことによって、それを大学の「五橋キャンパス」として整備するとともに、全学部を五橋と土樋の両キャンパスに統合し、学都仙台の中心に立地するアーバンキャンパスとする計画が現実のものとなりつつある。

　中学校・高校では、中学校からの一貫教育の模索が始まりつつある。かつて中学校・高校校長月浦利雄によって成果をあげた一貫教育の原点に立ち返り、大学入試実績をあげようとする試みである。それに対して、榴ケ岡高校では、東北学院大学との高大一貫教育を重視し、アクティブ・ラーニングの積極的導入による「教育の質的転換」を目指している。また、幼稚園は、キリスト教に基づく保育という特色をさらに鮮明にすることで、ますます深刻化する少子化時代を乗り越えようとしている。

◆コラム◆ 情報通信技術の進歩と学生

　休んだ授業のノートを友だちから借りてコピーする。それが一般化するのは 1980 年代である。それまでは、借りたノートは書き写すしかなかった。しかし、80 年代にコピー機が広く普及し、ノートはコピーするものとなった。東北学院大学生協が店内にコピー機を設置したのは 82（昭和 57）年だという。こうして、ノートをコピーするために学生が生協でつくる長蛇の列が、定期試験時の風物詩となる。今は失われた風景である。90 年代は、大学に多くのコンピュータ端末が整備され、学生は、それを使えるようになる。とくに、ワープロはレポートや卒業論文の作成、清書作業を一変させた。また、文書作成が簡便になることで、授業も変わる。口述と板書の伝統的授業は減り、配布資料に基づく説明が増える。学生は、それにメモとアンダーラインを引くことが重要な作業となる。

　2000 年代に入ると、インターネットからの情報収集が普及する。学生にとっては、まず、就職活動でインターネットが不可欠の情報源となる。さらに、レポート課題にもインターネット検索は威力を発揮するが、その半面、いわゆる「コピペ」問題が深刻化する。また、書籍、新聞、雑誌、さらにはテレビといった既存のメディア離れは、学生で特に顕著となる。一人住まいで新聞を購読する学生は、ほぼいなくなってしまった。

　そして現在、学生はモバイル情報端末を駆使した生活を送っている。彼らは、授業の資料や板書、学内の掲示連絡もすべて写真に撮る。しかも、それらは即座に複数の友人と共有できる。手帳、ノート、筆記用具はなくともよい。コピーの手間もいらない。今後、使う資料も教室内で端末からみる授業が普及するとなると、カバンすら不要となる。

　かつては、学生が大学に来て行う事務手続きだった履修科目登録や成績表の受け取りも、今ではいつでもどこからでもできる。次は、いつでもどこでも受けられる授業、ということになるのだろうか。実際、そうした授業を行う大学は増えてきている。

　いずれにせよ、情報通信技術の発達が大学や学生のあり方を根本的に変える時代がすでに始まっているのかもしれない。

東北学院の沿革

年　代	事　項
1886（明治19）年	ウィリアム・E・ホーイ仙台着任（1月）。押川方義、ホーイ両名により、キリスト教伝道者養成の目的をもって仙台市木町通北六番丁通角に仙台神学校創立（5月）。エリザベス・R・プルボー、メアリ・B・オールトが仙台着任（7月）、宮城女学校（現宮城学院）創立（9月）。
1887（明治20）年	東二番丁の本願寺別院跡を取得し、仙台教会と仙台神学校を移転（5月）。
1888（明治21）年	デイヴィド・B・シュネーダー夫妻仙台着任（1月）。オールト記念館完成（11月）。
1891（明治24）年	南町通りに仙台神学校校舎が完成（9月）。校名を「東北学院」と改称。広く生徒を募集し、学制を予科2年（翌年、3年に変更）、本科4年、神学部3年とする。
1892（明治25）年	労働会設立（3月）。東北学院理事局を組織、初代院長に押川、副院長と理事局長にホーイ就任（8月）。東北学院開院式（11月）。
1894（明治27）年	押川ら、大日本海外教育会設立（12月）。
1895（明治28）年	予科と本科を改組し、普通科5年、その上に専修部（文科、理科）2年を設置。
1896（明治29）年	押川ら、北海道同志教育会設立（1月）。島崎春樹（藤村）、作文と英語の教師として着任（9月）。
1898（明治31）年	理科専修部を廃止。
1899（明治32）年	文部省訓令十二号発令（8月）。ホーイ辞任（10月）、ホーイ中国湖南省にて伝道開始。
1900（明治33）年	第2代理事局長にシュネーダー就任（10月）。
1901（明治34）年	押川辞任、第2代院長にシュネーダー就任（4月）。普通科に制帽と徽章TG章制定。普通科長に笹尾粂太郎就任（4月）。
1902（明治35）年	普通科、徴兵猶予の資格を得る（1月）。
1903（明治36）年	普通科、専門学校入学資格を得る（6月）。東北学院同窓会結成（11月）。
1904（明治37）年	全校を普通科（5年）と専門学校令による専門科（3年）に分け、専門科に文学部と神学部を置く。専門科、徴兵猶予の資格を得る。専門科長に出村悌三郎就任（4月）。
1905（明治38）年	専門科を「専門部」、文学部を「文科」、神学部を「神学科」と改称。東二番丁に普通科校舎完成。専門部に角帽を制定。徽章は全校

東北学院の沿革

年　代	事　項
	TG章を用いる。普通科長に田中四郎就任(9月)。
1906(明治39)年	普通科寄宿舎完成。
1908(明治41)年	社団法人東北学院設置(5月)。創立記念日を5月15日に定める。『同窓会会報』創刊。
1910(明治43)年	校旗制定。
1911(明治44)年	創立25周年記念式典挙行。
1915(大正 4)年	普通科を「中学部」と改称(5月、生徒数357人)。
1916(大正 5)年	『東北学院時報』創刊(1月)。南六軒丁(現大学土樋キャンパス)に専門部校地取得。
1918(大正 7)年	専門部を改組、神学科(第一部、第二部)、文科、師範科、商科とする。
1919(大正 8)年	南町大火のため中学部校舎と寄宿舎全焼(3月)。仮校舎建築(9月)。
1920(大正 9)年	中学部長に五十嵐正就任(1月)。
1921(大正10)年	労働会廃止(4月)。中学部寄宿舎再建(9月)。
1922(大正11)年	中学部校舎再建〈東二番丁、通称「赤レンガ校舎」〉(6月)。
1923(大正12)年	東北学院教会設立(5月)。
1925(大正14)年	軍事教練(兵式体操)を正科として加える(5月)。神学科を専門部より分離し、神学部(第一科、第二科)とする。専門部は文科、師範科、商科となる(8月)。
1926(大正15)年	南六軒丁に専門部校舎(現大学本館)完成(7月)。創立40周年記念式ならびに専門部校舎落成式を挙行(10月、押川とホーイ来校)。
1927(昭和 2)年	ホーイ死去(3月)。
1928(昭和 3)年	押川死去(1月)。専門部3科とも予科を廃止、4年制とする。ハウスキーパー記念社交館完成(3月)。
1929(昭和 4)年	財団法人東北学院に改組(8月)。専門部を「高等学部」と改称。神学部第二科を廃止、第一科を「神学部本科」と改称し、3年の予科を置く(9月)。
1930(昭和 5)年	高等学部師範科に専攻科1年を置く。
1932(昭和 7)年	高等学部は3学期制を2学期制に改める。ラーハウザー記念東北学院礼拝堂完成(3月)。労働会寄宿舎を廃止。中学部寄宿舎を廃止し、神学部寄宿舎をその跡に移す。
1933(昭和 8)年	高等学部制帽を角帽より丸帽に改める。
1934(昭和 9)年	外国伝道局からの補助金が4割減となる(1月)。神学部、南六軒丁

159

年　代	事　　項
	ブラッドショウ館に移る(4月)。
1935(昭和10)年	院長代理に出村悌三郎就任(4月)。御真影奉戴式(10月)。
1936(昭和11)年	高等学部文科を「文科第一部」、師範科を「文科第二部」と改称(3月)。創立50周年記念式典を挙行。シュネーダー、院長として最後の説教を行う(「我は福音を恥とせず」)。第3代院長に出村悌三郎就任(5月)。第3代理事長にエルマー・H・ゾーグ就任(6月)。
1937(昭和12)年	神学部廃止、日本神学校と合同(3月)。高等学部は3年制となる。高等学部長にゾーグ就任(4月)。
1938(昭和13)年	中学部長に田口泰輔就任(4月)。シュネーダー死去(10月)。
1939(昭和14)年	中学部長に出村剛就任(4月)。
1940(昭和15)年	神学部校舎を売却(5月)。宮城郡七ヶ浜村(現七ヶ浜町)高山に修養道場用地を取得(7月)。第4代理事長に出村悌三郎就任(10月)。東北学院維持会を組織(11月)。
1941(昭和16)年	高等学部長に出村剛、中学部長に小泉要太郎就任(4月)。
1942(昭和17)年	高等学部商科第二部および中学部第二部を設置(ともに夜間部)。
1943(昭和18)年	高等学部商科を「高等商業部」、中学部を「中学校」と改称。中学校校長を出村悌三郎が兼任(4月)。
1944(昭和19)年	航空工業専門学校(航空工専)設立。航空工専校長に宮城音五郎就任(4月)。第5代理事長に杉山元治郎就任(6月)。
1945(昭和20)年	出村悌三郎、院長と中学校校長辞任(3月)。中学校校長に出村剛就任(4月)。航空工専を「工業専門学校」と改称(12月)。御真影を奉還(12月)。
1946(昭和21)年	高等商業部および同第二部を廃止(3月)。東北学院専門学校(英文科、経済科)および同第二部を設置。専門学校校長に出村剛、中学校校長に月浦利雄就任(4月)。アメリカのミッション・ボード、援助再開を約束(10月)。第4代院長に出村剛就任(11月)。
1947(昭和22)年	工業専門学校廃止(3月)。新制中学校設置(4月)。第6代理事長に鈴木義男就任(7月)。
1948(昭和23)年	新制高等学校、同第二部を設置(4月)。高等学校校長に月浦利雄就任、中学校校長兼任(4月)。専門学校校長に小田忠夫就任(4月)。
1949(昭和24)年	東北学院大学(新制)設立、文経学部(4年制、英文学科、経済学科)を設置(4月)。初代学長に小田忠夫就任(4月)。出村剛死去(9月)。出村悌三郎死去(12月)。

東北学院の沿革

年　代	事　項
1950（昭和25）年	専門学校第二部を「短期大学部」（2年制、英文科、経済科）と改称（4月）。第5代院長にアルフレド・アンケニー就任（5月）。
1951（昭和26）年	アンケニー死去（2月）。学校法人東北学院に改組（2月）。短期大学部別科を設置（4月）。第6代院長に小田忠夫就任、学長兼任（4月）。
1952（昭和27）年	短期大学部に法科を設置（4月）。
1953（昭和28）年	中学校と高校を分離、中学校校長に五十嵐正躬就任（4月）。総合運動場を多賀城町（現多賀城市）笠神に設置。シュネーダー記念東北学院図書館（現大学院棟）完成（10月）。
1955（昭和30）年	創立70年記念式典挙行（5月）。『東北学院創立七十年写真誌』を発行（5月）。蔵王にTGヒュッテ「栄光」完成（10月）。在米卒業生、創立70年記念として礼拝用鐘を寄贈（12月）。
1956（昭和31）年	中学校・高校体育館完成（3月）。ホーイ碑、出村悌三郎墓を北山墓地に建立（4月）。大学音楽館完成（10月）。
1958（昭和33）年	中学校校長を月浦利雄兼任。再び中高を一体化する（1月）。中学校・高校赤レンガ校舎は都市計画により9教室を失う（4月）。大学体育館「アセンブリー・ホール」完成（9月）。
1959（昭和34）年	短期大学部および同別科を大学文経学部二部（4年制、英文学科、経済学科）に改組（4月）。高校榴ケ岡校舎を設置（4月）。『東北学院七十年史』発行（7月）。自然科学研究室青根分室を開設（10月）。
1960（昭和35）年	短期大学部を廃止（3月）。
1961（昭和36）年	大学文経学部英文学科に専攻科を設置（4月）。
1962（昭和37）年	多賀城町に大学工学部（機械工学科、電気工学科、応用物理学科）を設置。同校地に幼稚園を設立。初代幼稚園園長に小田忠夫が就任（4月）。
1963（昭和38）年	押川記念館（学生ホール）完成（2月）。鈴木義男死去（8月）。第7代理事長に杉山元治郎就任（9月）。
1964（昭和39）年	大学文経学部（一部、二部）を文学部（一部、二部）および経済学部（一部、二部）に改組。大学院文学研究科英語英文学専攻修士課程を設置（4月）。大学64年舘（現7号館）完成（10月）。杉山元治郎死去（10月）。第8代理事長に山根篤就任（11月）。
1965（昭和40）年	大学法学部（法律学科）および大学院経済学研究科財政金融学専攻修士課程を設置（4月）。宮城郡泉町（現仙台市泉区）天神沢に10万坪の校地を取得（5月）。同窓会に「TG十五日会」発足（7月15日）。大学工学部4号館完成（10月）。中学校新校舎、中学校・高

161

年　代	事　項
	校礼拝堂完成(11月)。
1966(昭和41)年	大学院文学研究科英語英文学専攻博士課程、工学研究科応用物理学専攻修士課程を設置(4月)。創立80周年記念式典挙行(5月)。大学66年舘(現4号館)完成(6月)。青根セミナーハウス完成(12月)。
1967(昭和42)年	大学工学部に土木工学科を増設。大学院経済学研究科財政金融学専攻修士課程を経済学研究科経済学専攻修士課程に改組(4月)。大学67年舘(現5号館)完成(5月)。
1968(昭和43)年	大学工学部5号館と6号館完成(3月)。大学院経済学研究科経済学専攻博士課程、工学研究科応用物理学専攻博士課程を設置(4月)。『東北学院大学学報』創刊(10月)。
1969(昭和44)年	山根篤、理事長辞任(3月)。第9代理事長に月浦利雄就任(4月)。
1971(昭和46)年	大学院工学研究科機械工学専攻修士課程、電気工学専攻修士課程を設置(4月)。月浦利雄、中学校・高校校長辞任(8月)、同校長に二関敬就任(9月)。高校榴ケ岡校舎校長に五十嵐正躬就任(9月)。大学文団連棟焼失(9月)。
1972(昭和47)年	高校榴ケ岡校舎、榴ケ岡高等学校として独立(4月)。高山セミナーハウス完成(7月)。泉市(現仙台市泉区)天神沢に榴ケ岡高校校舎が完成、移転(8月)。
1973(昭和48)年	東北学院同窓会館完成(4月)。アメリカのアーサイナス大学に第1回夏期留学生を派遣(7月)。幼稚園園長に渡辺平八郎就任(7月)。月浦利雄死去(7月)。
1974(昭和49)年	第10代理事長に小田忠夫就任(3月)。大学院工学研究科機械工学専攻博士課程および電気工学専攻博士課程設置(4月)。
1975(昭和50)年	大学院法学研究科法律学専攻修士課程設置(4月)。
1976(昭和51)年	創立90周年記念式典挙行(5月)。
1977(昭和52)年	中学校・高校校長に田口誠一就任(4月)。榴ケ岡高校校長を小田忠夫兼任(4月)。
1978(昭和53)年	大学90周年記念館完成(2月)。榴ケ岡高校校長に清水浩三就任(4月)。中学校・高校赤レンガ校舎、宮城県沖地震のため一部倒壊(6月)。ラーハウザー記念礼拝堂に新パイプオルガンを設置(11月)。
1979(昭和54)年	中学校・高校赤レンガ校舎見送り式(3月)。大学院法学研究科法律学専攻博士後期課程を設置(4月)。大学78年舘および部室棟完成(9月)。東北学院展開催(10月、十字屋仙台店)。

年　代	事　　項
1980(昭和55)年	中学校・高校シュネーダー記念館完成(3月)。工学部機械工場および機械実験棟完成(3月)。榴ケ岡高校礼拝堂および北校舎完成(8月)。泉校地総合運動場および管理センター完成(9月)。
1981(昭和56)年	大学81年舘(現6号館)完成(3月)。『東北学院報』創刊(『東北学院大学学報』を改称)(4月)。情報処理センター設置(4月)。榴ケ岡高校第1回海外研修(8月)。大学工学部体育館完成(10月)。
1982(昭和57)年	山根篤死去(1月)。小田忠夫死去(3月)。第7代院長、第2代学長に情野鉄雄就任、第11代理事長に児玉省三就任(4月)。アーサイナス大学と国際教育交流協定を締結(6月)。大学図書館工学部分館完成(11月)。
1983(昭和58)年	高校第二部廃止(3月)。大学工学部礼拝堂完成(10月)。
1984(昭和59)年	高校第1回海外研修(7月)。新シュネーダー記念大学図書館完成(11月)。
1985(昭和60)年	大学整備計画案(教養学部移転など)公表(1月)。旧シュネーダー記念図書館を大学院棟に改装(11月)。幼稚園新園舎完成(12月)。
1986(昭和61)年	「押川方義先生記念碑」を生誕地松山市に建立(4月)。創立100周年記念式典挙行(5月)。フランクリン・アンド・マーシャル大学と国際教育交流協定を締結(5月)。
1987(昭和62)年	中学校・高校校長に宗方司就任(4月)。榴ケ岡高校校長に半澤義巳就任(4月)。中学校・高校体育館と武道館完成(12月)。
1988(昭和63)年	大学泉キャンパス完成、教養部を移転(4月)。榴ケ岡高校礼拝堂増築完成(3月)。幼稚園園長に橋本清就任(4月)。
1989(平成元)年	泉キャンパスに教養学部(教養学科人間科学専攻、言語科学専攻、情報科学専攻)を設置(4月)。幼稚園園長に新妻卓逸就任(4月)。『東北学院百年史』発行(5月)。
1990(平成 2)年	大学院工学研究科土木工学専攻修士課程を設置。
1991(平成 3)年	多賀城キャンパス1号館完成(3月)。中学校・高校校長に武藤俊男就任(4月)。
1992(平成 4)年	大学院工学研究科土木工学専攻博士後期課程を設置。榴ケ岡高校柔道・剣道場、校舎増築完成(4月)。児玉省三死去(6月)。第12代理事長に情野鉄雄就任(6月)。
1993(平成 5)年	工学部2号館完成。中学校・高校移転決定(3月)。
1994(平成 6)年	大学院人間情報学研究科人間情報学専攻修士課程を設置。
1995(平成 7)年	榴ケ岡高校を男女共学制に移行。第8代院長に田口誠一就任。第

年　代	事　項
	3代学長に倉松功就任(4月)。
1996(平成 8)年	大学院人間情報学研究科人間情報学専攻博士後期課程を設置。榴ケ岡高校校長に脇田睦生就任(4月)。
1997(平成 9)年	大学院文学研究科ヨーロッパ文化史専攻修士課程、アジア文化史専攻修士課程を設置。
1998(平成10)年	幼稚園園長を田口誠一兼任(4月)。高山セミナーハウス閉鎖。
1999(平成11)年	大学院文学研究科ヨーロッパ文化史専攻博士後期課程、アジア文化史専攻博士後期課程を設置。大学設置50周年記念式典を挙行。青根セミナーハウス閉鎖。第13代理事長に田口誠一就任(4月)。
2000(平成12)年	文学部英文学科、経済学部経済学科、商学科に昼夜開講制を導入。文学部二部英文学科と経済学部二部経済学科は募集停止。幼稚園園長に長谷川信夫就任(4月)。土樋キャンパス8号館(押川記念ホールを設置)と体育館完成(9月)。大学第1回ホームカミングデー(同窓祭)開催。大学設置50周年記念事業(講演会、シンポジウム、シンボルマーク決定)を実施。仙台市宮城野区小鶴に中学校・高校移転先の校地取得(3万1000坪)。
2001(平成13)年	文学部基督教学科を「キリスト教学科」に、経済学部商学科を「経営学科」に、教養学部教養学科言語科学専攻を「言語文化専攻」に改称(4月)。東北学院資料室開設(5月)。
2002(平成14)年	工学部機械工学科を「機械創成工学科」に、電気工学科を「電気情報工学科」に、応用物理学科を「物理情報工学科」に、土木工学科を「環境土木工学科」にそれぞれ改称。大学院経済学研究科に経営学専攻修士課程を設置。中学校・高校校長に出原荘三就任。榴ケ岡高校校長に杉本勇就任(4月)。
2003(平成15)年	第14代理事長に赤澤昭三、第9代院長に倉松功就任(4月)。幼稚園園長に長島慎二就任(4月)。同窓会100周年記念式典挙行(11月)。
2004(平成16)年	法科大学院・総合研究棟完成(2月)。第4代学長に星宮望就任(4月)。中学校・高校校長に松本芳哉就任(4月)。大学院法務研究科法実務専攻専門職学位課程(法科大学院)を設置(4月)。
2005(平成17)年	中学校・高校新校舎完成(1月)。同窓会館閉館(3月)。文学部史学科を歴史学科に、教養学部教養学科人間科学専攻、言語文化専攻、情報科学専攻を教養学部人間科学科、言語文化学科、情報

年　代	事　　項
2006（平成18）年	科学科に改組し、教養学部地域構想学科を新設(4月)。工学基礎教育センター完成(3月)。工学部機械創成工学科を「機械知能工学科」に、物理情報工学科を「電子工学科」に、環境土木工学科を「環境建設工学科」に改称(4月)。榴ケ岡高校校長に久能隆博就任(4月)。情野鉄雄死去(4月)。創立120周年記念式典挙行(5月)。
2007（平成19）年	中学校・高校新寄宿舎完成。ハイテク・リサーチセンター完成(3月)。第10代院長に星宮望就任(4月)。中学校・高校校長に永井英司就任(4月)。
2008（平成20）年	第15代理事長に平河内健治就任(6月)。榴ケ岡高校体育館と管理棟完成(9月)。
2009（平成21）年	経済学部経営学科を経営学部経営学科に改組、経済学部に共生社会経済学科を新設(4月)。大学院経営学研究科(修士課程)を設置(4月)。幼稚園園長を平河内健治兼任(4月)。榴ケ岡高校設立50周年記念式典挙行(11月)。大学博物館開設(11月)。
2010（平成22）年	バイオテクノロジー・リサーチ・コモン棟を開設(3月)。東北学院発祥の地に記念碑建立(10月)。
2011（平成23）年	中学校・高校跡地に記念碑建立(3月)。文学部キリスト教学科を総合人文学科に改組(4月)。幼稚園園長に佐々木勝彦就任(4月)。
2012（平成24）年	榴ケ岡高校校長に湯本良次就任(4月)。
2013（平成25）年	第5代学長に松本宣郎就任(4月)。中学校・高校校長に大橋邦一就任(4月)。幼稚園園長に阿部正子就任(4月)。
2014（平成26）年	第16代理事長に松本宣郎就任(4月)。資料室を「東北学院史資料センター」に改称(4月)。
2015（平成27）年	第11代院長に佐々木哲夫就任(4月)。
2016（平成28）年	東北学院の中長期計画「TG Grand Vision 150」を策定(3月)。ホーイ記念館完成(3月)。創立130周年記念式典挙行(5月)。東北学院旧宣教師館(デフォレスト館)が重要文化財に指定(7月)。
2017（平成29）年	星宮望死去(1月)。仙台市立病院跡地を購入(3月)。工学部電気情報工学科を「電気電子工学科」に改称し、情報基盤工学科を新設(4月)。田口誠一死去(7月)。
2018（平成30）年	文学部に教育学科を新設(4月)。ランカスター神学校と国際交流協定を締結(7月)。

主要参考文献

【東北学院】

1) 『東北学院時報』東北学院、1916年1月1日創刊

2) 『東北文学』東北学院文学会、1893年10月創刊

3) 『芙蓉峰』芙蓉社、1896年4月創刊

4) 花輪庄三郎編『東北学院七十年史』東北学院同窓会、1959年

5) 東北学院百年史編集委員会編『東北学院百年史』東北学院、1989年

6) 東北学院百年史編集委員会編『東北学院百年史 資料編』東北学院、1990年

7) 藤一也『押川方義―そのナショナリズムを背景に―』燦葉出版社、1991年

8) 渥美孝子編『島崎藤村と東北学院』東北学院特別企画「島崎藤村と東北学院」実施委員会、2002年

9) 河西晃祐監修『押川方義とその時代』東北学院、2013年

10) 東北学院東日本大震災アーカイブプロジェクト委員会編『After 3.11 東日本大震災と東北学院』東北学院、2014年

11) 仁昌寺正一他『キリスト教教育と近代日本の知識人形成 (2) ―東北学院を事例にして―』東北学院、2012年

12) 東北学院資料室運営委員会編『東北学院資料室』東北学院、2001年12月創刊

13) 東北学院資料室運営委員会編 (野澤正著／岩本由輝翻刻)『東北学院労働会歴史』東北学院、2011年 ※『東北学院資料室』(第10号別冊)

14) 東北学院資料室運営委員会「大正デモクラシーと東北学院」調査委員会編『大正デモクラシーと東北学院―杉山元治郎と鈴木義男―』東北学院、2006年

15) 東北学院史資料センター年報編集委員会編『東北学院史資料センター年報』東北学院、2016年3月創刊

16) 東北学院大学点検・評価委員会編『東北学院大学点検・評価報告書』東北学院大学、2000〜16年 (3年ごとに発行)

【他教育機関】

1) 立教大学史資料センター編『立教大学の歴史』立教大学、2007年

2) 『明治学院百年史』明治学院、1979年

【国】
1）総務省「国勢調査」1920年統計開始
2）文部科学省「学校基本調査」1948年度統計開始

【地方自治体】
1）仙台市史編さん委員会編『仙台市史　通史編6　近代1』仙台市、2008年
2）仙台市史編さん委員会編『仙台市史　通史編7　近代2』仙台市、2009年
3）仙台市史編さん委員会編『仙台市史　通史編8　現代1』仙台市、2011年
4）仙台市史編さん委員会編『仙台市史　通史編9　現代2』仙台市、2013年

【新聞】
1）『河北新報』河北新報社、1897年1月17日創刊
2）河北新報社編集局編『われら地の塩　東北学院の100年』河北新報社、1987年

【キリスト教関係】
1）島貫兵太夫『力行会とは何ぞや』宝文堂、1980年
2）相沢源七『島貫兵太夫伝—日本力行会の創立者—』教文館、1986年
3）『福音新報』福音社、1883年7月創刊

【その他】
1）川渕依子『高橋潔と大阪市立聾唖学校—手話を守り抜いた教育者たち—』
　　サンライズ出版、2010年
2）藤井讓治・伊藤之雄編著『日本の歴史　近世・近現代編』ミネルヴァ書房、
　　2010年
3）大江志乃夫他編『岩波講座　日本通史　近代2』（第17巻）岩波書店、1993〜
　　96年
4）『日本国語大辞典　第二版』小学館、2000〜2002年

『東北学院の歴史』執筆分担

日野　哲　　第1章・第6章
東北学院史資料センター調査研究員、学校法人東北学院理事

星　洋和　　第2章
東北学院史資料センター客員研究員、
東北学院大学大学院文学研究科博士課程前期課程修了

仁昌寺正一　　第3章
東北学院史資料センター調査研究員、東北学院大学経済学部教授

河西晃祐　　第4章・第5章
東北学院史資料センター所長、東北学院大学文学部教授

齋藤　誠　　第7章・第8章
東北学院史資料センター調査研究員、東北学院大学法学部教授

編集・校正協力
熊坂大佑
学校法人東北学院法人事務局広報部

東北学院の歴史

発 行 日　　2017年10月5日 第1刷
　　　　　　2021年3月28日 第4刷
著　　者　　学校法人 東北学院
発 行 者　　佐藤　純
発　　行　　河北新報出版センター
　　　　　　〒980-0022
　　　　　　仙台市青葉区五橋1丁目2-28
　　　　　　河北新報総合サービス内
　　　　　　TEL 022-214-3811
　　　　　　FAX 022-227-7666
　　　　　　https://kahoku-ss.co.jp/
印　　刷　　株式会社 ビー・プロ

定価は表紙カバーに表示してあります。乱丁・落丁本はお取りかえいたします。
ISBN978-4-87341-366-2